알고리듬과 저널리즘

저널리즘총서

저널리즘총서는 과거와는 다른 미디어 환경에 놓인 언론을 향한 다양한 질문과 반성, 그리고 성실한 고민과 답변을 다룹니다. 새로운 사례를 발굴하고 풍부한 해석을 담아 저널리즘 지식의 실용성을 추구합니다. 저널리즘의 미래를 위해 2021년부터 한국언론학회와 함께 만들어 갑니다.

일러두기

- 인명, 작품명, 저서명, 개념어 등은 한글과 함께 괄호 안에 해당 국가의 원어를 병기했습니다.
- 외래어 표기는 현행 어문규정의 외래어표기법을 따랐습니다.

저널리즘총서 02

알고리듬과 저널리즘

이재원

대한민국, 서울, 커뮤니케이션북스, 2021

알고리듬과 저널리즘

지은이 이재원
펴낸이 박영률

초판 1쇄 펴낸날 2021년 10월 15일

커뮤니케이션북스(주)
출판 등록 2007년 8월 17일 제313-2007-000166호
02880 서울시 성북구 성북로 5-11 (성북동1가 35-38)
전화(02) 7474 001, 팩스(02) 736 5047
commbooks@commbooks.com
www.commbooks.com

CommunicationBooks Inc.
5-11, Seongbuk-ro
Seongbuk-gu, Seoul, 02880, KOREA
phone 82 2 7474 001, fax 82 2 736 5047

ISBN 979-11-288-6223-6 04300
979-11-288-6224-3 04300 (큰글씨책)

책값은 뒤표지에 표시되어 있습니다.

차례

알고리듬과 저널리즘은 양립 가능한가

“오늘도 ‘유튜브 알고리듬’이 나를 여기로 이끌었어.” 유튜브 댓글에는 이런 내용이 심심치 않다. 이용자가 좋아하는 콘텐츠를 정확히 알아챈 유튜브의 추천시스템 덕분에 해당 영상을 보고 있다는 의미를 담은 댓글이다. 이용자가 구독하지 않는 채널이어도 취향에 꼭 맞는 콘텐츠를 알아내서 추천해주는 유튜브의 작동 원리를 ‘알고리듬’이라고 흔히들 표현한다.

‘알고리듬(algorithm)’은 무엇인가? 알고리듬은 디지털 플랫폼상의 기능을 계산하는 명령들이다. 소셜 미디어와 같은 플랫폼이 가진 권력(computational power)은 데이터 계산을 위한 알고리듬의 능력에 기댄다(van Dijck, 2013). 즉, ‘유튜브 알고리듬’이란 유튜브에서 특정한 채널을 구독하고, 콘텐츠를 소비하는 이용자에게 개인화(Personalization), 취향화(Customization)된 콘텐츠를 추천해줄 수 있도록 구성한 명령들이다.

유튜브 뿐만이 아니다. 플랫폼 중심의 웹 2.0 시대 이후 사실상 우리는 알고리듬에 둘러싸여 살아가고 있다. 네이버에 접속하면 나와 비슷한 연령대와 성별의 이용자가 어떤 물건을 구매했는지 알려주고, 페이스북은 내 '친구' 중 교류가 많은 '친구'의 소식을 자주 노출 시켜준다. 인터넷은 이제 우리 삶에 일상적으로 단단히 뿌리박히고, 담겨(Embedded, Embodied and Everyday)(Hine, 2015) 있는데, 철저히 '나'에게 맞춰주는 알고리듬을 구성하는 플랫폼들을 외면하기란 쉽지 않다. 플랫폼에서 모르는 분야를 배우기도 하고, 취미 생활도 하고, 새로운 친구도 사귀며, 쇼핑도 한다. 가족끼리 연락하고 사진도 주고받는다. 시간 대부분을 알고리듬이 이끄는 플랫폼 속에서 살아가고 있는지도 모른다.

알고리듬과 뉴스의 변화

뉴스 역시 신문이나 방송과 같은 레거시 미디어(legacy media)에서 확인하지 않는다. 한국언론진흥재단 조사에 따르면 '지난 1주일간 뉴스를 이용한 사람의 비율'을 조사한 결과 2011년 44.6%가 종이신문에서 뉴스를 확인했지만, 2020년에는 10.2%에 불과했다(한국언론진흥재단, 2021). 포털 사이트나 페이스북, 트위터, 유튜브, 인스타그램 등 소셜 미디어에서 소비한다.

알고리듬이 일상을 지배하는 시대의 뉴스 변화는 다음

과 같은 특징을 가진다. 첫째, 뉴스를 알고리듬에 따라 배열하고 추천하는 환경에 처하면서 우리는 과거와 전혀 다른 방식으로 뉴스를 소비하고 있다. 과거에는 훈련받은 저널리스트가 뉴스 가치에 따라 정보를 선별해 뉴스를 생산했고, 뉴스 이용자는 이러한 뉴스를 소비했다. 이제는 알고리듬에 따라 인공지능이 추천해주는 포털 사이트의 뉴스를 이용한다. 둘째, 전통적 의미의 뉴스는 아니지만, 단순한 정보나 의견이 추가된 콘텐츠가 마치 뉴스처럼 유통된다. 가짜 뉴스가 포함되었을 수 있는 이러한 정보들이 유튜브와 같은 플랫폼의 알고리듬에 따라 빠르게 퍼질 우려가 있다. 셋째, 소셜 미디어에서 공유된 뉴스를 이용하는 과정에서 특정한 사안에 관한 '의견'이 '사실'보다 중요시되기도 한다. 페이스북과 같은 플랫폼에서 정보와 뉴스는 '친구' 관계 속에서 읽어 내게 된다. 플랫폼 내 오피니언 리더(opinion leader)의 영향력이 커질 수밖에 없다. 넷째, 상호작용이 강화된 뉴스 서비스가 등장해 이용자가 뉴스봇(news bot)과 대화를 나누며 뉴스를 찾고 이용할 수 있게 되었다. 카카오톡의 뉴스봇과 같이 사람이 아닌 로봇이 이용자와 어떤 방식으로 대화를 구성해가고 적절한 뉴스를 전달하는지 확인이 필요하다. 이제는 알고리듬에 따라 작동하는 비인간 행위자를 고려하여 저널리즘을 논의해야 하는 시대가 되었다.

알고리듬과 저널리즘의 양립 가능성

알고리즘 시대의 저널리즘은 숱한 부딪힘을 낳고 있다. 전통적인 언론사에서 훈련받은 레거시 미디어 생산자와 개인 크리에이터들 사이에서, 언론사 종사자와 포털 사이트 서비스의 결합 아래 수많은 정보가 유통된다. 이제는 저널리즘 역시 "올드 미디어와 뉴미디어가 충돌하고, 풀뿌리 미디어와 기업 미디어가 교차하며, 미디어 생산자의 힘과 소비자의 힘이 예측할 수 없는 방식으로 상호작용"(Jenkins, 2006/2008, 17쪽)하고 있는 컨버전스 문화 속에서 논의해야 하는 상황에 부닥쳤다.

전통적인 저널리즘의 시각에서 보면 알고리듬의 발달은 우려를 낳는다. 민주주의 발달을 위해서는 언론에서 정확하고 믿을만하면서도 다양한 정보가 유통되어야 하는데, 플랫폼 사들이 개인의 취향에 맞춰주면서 정보가 편식 될 것이라는 문제가 제기된다. 구체적으로, 첫째, 오늘날 플랫폼은 개인이 원하는 정보만 취사선택할 수 있는 환경 구성이 얼마든지 가능해, 자신만의 문화적 '거품'에 갇힐 수 있는 '필터버블(filter bubble)'(Pariser, 2011) 부작용이 발생할 수 있다. 둘째, 마치 메아리처럼 한정된 공간에서 비슷한 정보만을 소비하는 반향실 효과(echo chamber effect)(Jamieson &Cappella, 2008)로 인해 다양한 정보가 원활히 유통되지 못한다는 시각이다. 셋째, 가짜 뉴스가 유통되어 정확한 정보의 흐름이 방해된다는 관점이다.

이미 거대한 바람으로 자리 잡은 플랫폼 세상에서 뉴스 이용이 이미 이뤄지고 있으므로, 새로운 환경에서의 저널리즘을 점검해볼 필요가 있다. 이제 레거시 미디어 시대의 뉴스 개념으로는 저널리즘을 논의하기 어려울 정도다. 뉴스의 정의조차 어쩌면 새롭게 규정되어야 할 수 있다. 플랫폼 중심의 뉴스 소비 추세는 이미 '저널리즘이 생존할 수 있는가'라는 논의로 이어지고 있기 때문이다(Ryfe, 2014). 기자의 정의도 이제는 언론사에 근무하는 전문직이 아니라 "책임감 있게 윤리적으로 사실을 보도하려는 사람"으로 바뀌어야 한다는 목소리가 나온다(Anderson, Bell, Shirky, 2012).

알고리듬 시대의 저널리즘은 어떻게 바라봐야 할까. 무조건적인 우려도, 지나친 유연성도 위험하다. 뉴스를 채택하고 생산하는 과정은 미디어와 국가의 발달에 따라 달라졌기에(Schudson, 2003), 레거시 미디어 시스템에서 뉴스가 생산되고 유통되며 소비되는 방식이 절대적인 것은 아니다. 알고리듬이 주도하는 플랫폼 환경을 분명히 고려하며 저널리즘을 논의할 필요성이 제기되는 이유다. 하지만 저널리즘의 변하지 않는 속성은 분명히 고수해야 한다. 새로운 매체가 등장할 때마다 저널리즘의 변하지 않는 속성과 '새로운' 성격의 구분이 필요한 때다(이재국, 2019).

다만 플랫폼 기업들은 언론사와 달리 언론의 역할을 염두에 두고 만들어지지 않았다는 사실이 충분히 고려되어야 한다. 밴 딕(van Dijck, 2013)이 이야기했듯, "플랫폼은 사회적 활동을 컴퓨터의 구조로 코딩하는 하드웨어 서비스"이며 "플랫폼 소유주의 전략적 선택을 반영하는 디폴트 설정을 담은 이용자 친화적 인터페이스"(p.29)다. 즉, 플랫폼 이용자가 플랫폼에 오래 머물도록 알고리듬이 구성되어 있으며, 이에 따라 플랫폼은 기업이 이윤을 얻는 정치적 공간이다. 이러한 공간의 특성에 맞게 뉴스가 생산되고 유통되는 양상은 저널리즘 본연의 가치에 부합하고 있는가? 알고리듬은 저널리즘을 더 나은 방향으로 이끌어가고 있는 것일까? 이 책은 이처럼 알고리듬과 저널리즘이 양립 가능한지 묻는 질문에서 출발한다. 저널리즘 분야에서 적용되고 있는 알고리즘에 대한 사회문화적 관점에서의 분석이 더욱 필요하기 때문이다(오세욱, 2016).

이 책의 목차와 구성

이 책은 '알고리듬 저널리즘(algorithmic journalism)'의 사회적 관점(Anderson, 2012)에서 거대 플랫폼에서 나타나는 뉴스의 변화와 주요 이슈를 짚어보고자 한다. '알고리듬 저널리즘'은 뉴스를 취재하고, 기사를 작성하고 편집, 유통하는 등 저널리즘의 전 과정에 알고리듬을 활용하는 것이다. 뉴스의 생산 과정이 비교적 단순한 편인 스포츠 기사를 로봇이 작성하는 '로봇 저널리즘'은 '알고리듬 저널리즘'의 생산 차원의 한 예라고 볼 수 있다. 이 책에서는 △네이버의 인공지능 큐레이션, △유튜브의 추천시스템, △페이스북의 토픽 읽기 구조, △카카오톡의 뉴스봇 작동 방식 등 주로 뉴스의 유통 과정에서 작동하는 알고리듬에 관해 다룬다. 기본적으로 알고리듬 저널리즘이 공익적 책무를 지녔다는 견해를 전제로 한다(Cohen, Hamilton, & Turner, 2011).

이 책은 저자가 언론사에서 기자로 활동하며 미디어 생태계 변화를 몸으로 겪을 때부터 갖고 있던 문제의식을 바탕으로 쓰였다. 뉴스는 무엇인가? 뉴스 가치는 누가 정하는가? 언론사 기자가 정하는 뉴스 가치는 절대적인가? 독자가 원하는 뉴스가 더 필요한 뉴스인가? 등의 질문은 마치 알고리듬이 주도하는 것처럼 보이는 현 상황에 더욱 필요한 질문이라고 생각해 책을 기획했다. 여전히 논쟁이 진행 중이지만, 함께 고민할 수 있는 장을 마련할 필요가 있다고 생각했기 때문이다.

알고리듬 추천 서비스는 기본적으로 이용자가 참여해야 작동하는 메커니즘을 지녔다. 이용자의 참여가 전제되기에, 이용자는 매우 능동적으로 서비스를 이용하는 것처럼 보인다. 하지만, 과연 이용자는 플랫폼의 문법이 제시하는 이용 방식을 벗어나서 사용할 수 있을까? 끊임없이 기술적 유도(affordance)(boyd, 2011)로 붙잡아두는 플랫폼에 속해있는 상황이 능동적이고 주체적인 이용이라고 볼 수 있을까? 이러한 질문을 함께 고려해봐야 한다. 물론, 알고리듬과 같은 기술이 인간을 강제적으로 이끌고 가기만 하는 것은 아니다. 반대로 인간이 기술을 만드는 전능한 존재도 아니다. 이 책은 기술은 사회적으로 형성되는 동시에 사회를 형성해 간다는 시각("socially shaped and socially shaping")(Buckingham, 2008, p.12) 을 기본적인 틀로 삼는다. 알고리듬을 구성하는 존재 역시 인간이기 때문이다. 알고리듬은 가치가 없거나 인간과 동떨어져 형성되는 것이 아니다(Zamith, 2019).

이 책은 1장에서 거대한 플랫폼 환경에서 변화된 뉴스의 양상을 조망한 뒤, 2~4장에서 알고리듬 저널리즘의 이슈들을 사례와 함께 짚어보는 방식으로 구성했다. 구체적으로 2장에서는 포털 사이트 네이버의 에어스(Airs) 사례와 함께 인공지능 큐레이션 서비스의 뉴스 가치 이슈를 다뤘다. 3장에서는 유튜브를 중심으로 가짜 뉴스의 추천 원리를 탐색했고, 4장에서는 페이스북에서 '친구'들과 함께 토픽을 함께 읽어 내는 '사회적 읽기'에 관해 논의했다. 5장에서는 카카오톡의 뉴스봇 사례와 함께 뉴스봇 서비스의 대화 저널리즘을 짚어봤다. 6장에서는 2~4장에서 다룬 논의들을 포함해 알고리듬과 저널리즘이 함께 나아갈 방향을 논의했다.

이 책이 독자들이 알고리듬 저널리즘의 현황을 파악하고, 알고리듬 세상에서 뉴스 가치 구현의 고민을 함께 해 나갈 수 있는 씨앗이 되기를 바란다.

참고문헌

오세욱(2016). 저널리즘과 알고리즘의 융합에 대한 탐색적 연구. 《사이버커뮤니케이션학보》, 33권3호, 51~101.

한국언론진흥재단(2021). 전통매체 뉴스 이용률 및 인터넷 뉴스 이용률 추이(1993~2020). http://hannun.or.kr/2021/3-2/

Anderson, C.W.(2012). Towards a sociology of computational and algorithmic Journalism. *New media & society, December 10,* 1~17.

Anderson,C.W., Bell, E.,& Shirky,C.(2015). Post-industrial Journalism: Adapting to the Present. *Geopolitics, History and International Relations, 7(2),* 32~123.

boyd, d.(2011). *Social network sites as networked publics: Affordances, dynamics, and implications.* In Papacharissi, Z.(Ed.), Networked self : Identity, community, and culture on social network sites (pp.39~58). New York: Routledge.

Buckingham, D.(2008). *Introducing identity.* In Buckingham, D.(Ed.), Youth, identity, and digital media(pp.1~24). Cambridge: MIT Press.

Cohen, S., Hamilton, J., & Turner, F.(2011). How computer scientists can empower journalists, democracy's watchdogs, in the production of news in the public interest. *Communications of the ACM, 54(10),* 66~71.

Hine, C.(2015). *Ethnography for the Internet: Embedded, embodied and everyday.* London: Bloomsbury Academic.

Jamieson, K. H. & Cappella, J. N.(2008). *Echo chamber: Rush Limbaugh and the conservative media establishment.* NY: Oxford University Press.

Jenkins, H.(2006). *Convergence Culture: Where Old and New Media Collide.* New York: New York University. 김정희원·김동신 옮김(2008). 『컨버전스 컬쳐』. 서울: 비즈앤비즈.

Pariser, E.(2011). *Filter bubble :what the internet is hiding from you.* Penguin. 이현숙·이정태 옮김(2011). 『생각 조종자들』. 서울: 알키.

Ryfe, D. (2014). *Can journalism survive?* Malden: Polity Press.

Schudson,M.(2003). *The sociology of news.* Norton. 이강형 옮김(2015). 『뉴스의 사회학』. 서울:한국언론진흥재단.

van Dijck, J.(2013). *The culture of connectivity: A critical history of social media.* New York: Oxford University Press.

Zamith, R.(2019). *Algorithms and Journalism.* The Oxford Encyclopedia of Communication. https://doi.org/10.1093/acrefore/9780190228613.013.779

01

거대 플랫폼과 뉴스 이용

이제 뉴스 이용자들은 전통 뉴스 미디어가 아닌 인터넷 포털 사이트나 유튜브와 같은 영상 플랫폼 등 디지털 플랫폼을 언론으로 생각한다. 이용자가 적극적으로 텍스트에 개입할 수 있는 디지털 플랫폼 환경에서 뉴스는 기존의 정의가 아니라, 디지털 시대의 패러다임으로 새롭게 재정의되어야 한다.

플랫폼과 뉴스 이용 변화

전 세계적으로 GAFA(구글, 애플, 페이스북, 아마존) 등 거대 디지털 플랫폼의 영향력이 커지면서 전통적인 언론사의 뉴스 이용률 감소, 수익 구조 붕괴 등의 문제가 대두되고 있다. 국내에서도 신문을 구독하거나 방송 뉴스를 시간 맞춰 시청하기보다는 네이버나 다음과 같은 포털 사이트, 유튜브나 페이스북과 같은 글로벌 플랫폼, 카카오톡과 같은 메신저를 통해 뉴스를 확인하는 추세가 뚜렷이 자리 잡았다.

실제로 한국언론진흥재단 조사 결과 2020년 이용자가 뉴스를 접하는 매체로 인터넷이 89.1%를 기록, 레거시 미디어인 신문, TV, 라디오, 잡지를 추월해 1위를 차지했다. 인터넷에서 뉴스를 이용하던 비율이 2011년 57%였던 점을 고려하면 대폭 늘어난 수치다. 특히 모바일을 통한 인터넷 뉴스 이용은 19.5%(2011년)에서 77.9%(2020년)로 10년 만에 4배 가까이 증가했다. 2020년 코로나19가 확산하는 팬데믹 상황에서 가정 내 활동이 늘어나며 전년보다 TV 이용률과 PC를 통한 인터넷 이용률이 다소 높아졌으나, 전반적으로 전통적인 매체보다는 인터넷을 통한 뉴스 이용이 증가하고 있다(표 1-1 참조).

표1-1. 전통매체 뉴스 이용률과 인터넷 뉴스 이용률 추이(단위 %)(1993~2020). 한국언론진흥재단 http://hannun.or.kr/2021/3-2/

	TV	종이신문	라디오	잡지	인터넷	인터넷(모바일)	인터넷(PC)
2011	95.3	44.6	26.8	4.4	57.0	19.5	51.5
2012	94.7	40.9	22.1	7.8	62.7	47.4	57.4
2013	93.8	33.8	18.3	5.0	65.4	55.3	50.7
2014	87.1	30.7	14.3	1.4	67.1	59.6	47.7
2015	86.8	25.4	9.5	0.6	69.7	65.4	39.8
2016	83.2	20.9	12.7	1.1	73.7	70.9	37.6
2017	85.5	16.7	9.0	0.4	75.6	73.2	32.8
2018	85.4	17.7	12.4	0.6	82.3	80.8	31.7
2019	82.8	12.3	10.1	1.3	80.0	79.6	21.1
2020	85.0	10.2	8.1	0.2	89.1	77.9	24.6

* 뉴스 이용률 : 지난 1주일간 각 미디어를 통해 뉴스를 이용한 사람의 비율.
** 인터넷 뉴스 이용률 = 모바일 인터넷 뉴스 이용률 + PC 인터넷 뉴스 이용률.
문. 지난 1주일 동안 종이신문/텔레비전/라디오/잡지/모바일 인터넷/PC 인터넷을 통하여 뉴스/시사 정보를 이용하셨습니까? (2011~2012: n=5000, 2013: n=5082, 2014: n=5061, 2015: n=5062, 2016: n=5128, 2017: n=5010, 2018~2019: n=5040, 2020: n=5010).

이제는 뉴스 이용자들은 뉴스 생산의 주체를 언론사별로 인식하지 않는다. 아침이나 저녁마다 집 앞으로 신문

표 1-2. 인터넷 기반 플랫폼을 언론으로 인식하는 비율(2020)
한국언론진흥재단 http://hannun.or.kr/2021/3-5/

플랫폼	응답 비율(%)
인터넷 포털	65.1
메신저 서비스	20.2
SNS	17.8
온라인 동영상 플랫폼	31.0

이 배달되고, 출근길이나 퇴근 후 일정한 시간에 방송 뉴스를 시청했던 '약속 미디어(appointment media)'(Pew Research Center, 2008) 방식은 계속 줄어들고 있기 때문이다. 이제 뉴스 이용자들은 전통 뉴스 미디어가 아닌 인터넷 포털 사이트나 유튜브와 같은 영상 플랫폼 등 디지털 플랫폼을 언론으로 생각한다. 한국언론진흥재단이 5010명을 대상으로 2020년 조사한 결과 인터넷 포털 사이트를 언론으로 인식하는 비율은 65.1%, 온라인 동영상 플랫폼은 31%였다(표 1-2 참조).

영국 옥스포드대 부설 로이터저널리즘연구소가 내놓은 『디지털 뉴스 리포트(Digital News Report)』에 따르면 한국인들이 소셜 미디어를 통해 뉴스를 접하는 비율은

2020년 44%에 달한다. 2016년 32%에 비해 급격히 늘어난 수치다. 소셜 미디어 중 뉴스를 이용하는 비율은 유튜브(45%), 카카오톡(27%), 페이스북(19%) 순서로 나타났다. 신뢰도 높은 매체로 유튜브와 네이버를 꼽는 등 전통 미디어의 신뢰도는 떨어지고 있다.

이미 뉴스 이용자는 디지털 플랫폼을 언론으로 생각하고 있지만, 플랫폼 사는 저널리즘 수행자로서의 인식보다는 디지털 서비스 기업으로 자신을 스스로 규정하고 있다. 레거시 미디어들은 변화된 디지털 생태계에 적응하기 위해 다양한 서비스를 내놓으며 고심하고 있다. 이 가운데 플랫폼과 언론사 간 뉴스 사용료 문제, 플랫폼에서 유통되는 새로운 형태의 뉴스의 사실 여부 등이 쟁점이 되고 있다.

전통 미디어의 디지털 생태계 적응하기

기존의 레거시 미디어들은 이제는 종이나 전파가 아닌, 디지털 플랫폼에 뉴스를 담기 위해 시도를 하고 있다. 자사의 뉴스를 유튜브, 페이스북, 트위터, 인스타그램 등 플랫폼에 맞게 재가공해 콘텐츠를 발행하거나, 플랫폼 맞춤형의 새로운 뉴스를 따로 생산하기도 한다.

예컨대, SBS의 경우 2015년부터 '스브스뉴스', '비디오

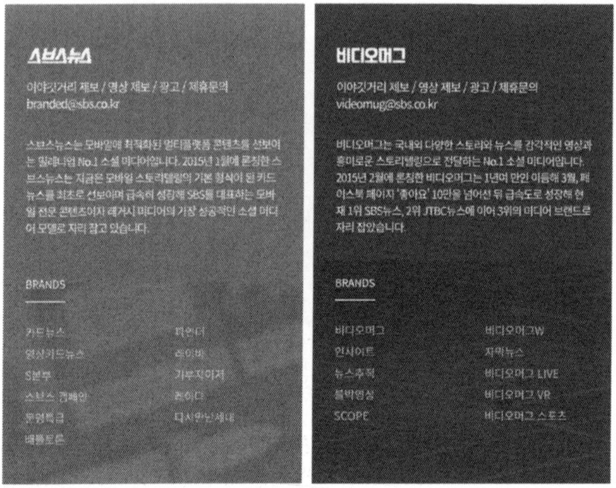

그림 1-1. SBS의 디지털 브랜드
출처: SBS 디지털 뉴스 랩 https://www.sbsdlab.co.kr/

머그' 등의 디지털 뉴스 전문 브랜드를 론칭해 기존의 방송 문법이 아니라 디지털 플랫폼 양식에 어울리는 뉴스 개발을 해 왔다(그림 1-1 참조).

《한국일보》의 경우, 문학 담당 기자가 '무낙'이라는 이름으로 매주 뉴스레터를 발행하는데, '문학'을 소리 나는 대로 적은 '무낙'을 뉴스레터 제목으로 정하며 기존의 신문 문법을 벗어나 디지털 독자에게 다가간다(그림 1-2 참조).

그림 1-2. 《한국일보》 발행 뉴스레터 '무낙'과 '뉴닉'의 뉴스레터 (2021년 8월 31일).

전통 미디어의 이런 시도는 디지털 네이티브(digital native) 세대(Prensky, 2001)에게 가까이 다가가기 위한 서비스 확대인 동시에, 언론사의 수익 구조 다변화의 일환이라고 볼 수 있다. 디지털 네이티브 세대가 직접 '밀레니얼을 위한 시사 뉴스레터'를 표방하고 2018년 12월 서비스를 시작한 '뉴닉(Newneek)'은 3년이 되지 않는 기간 동안 35만 구독자를 모았다(최민영, 2021)(그림 1-2 참조).

뉴스 이용자의 측면에서 본다면 디지털 플랫폼을 통해

접하는 뉴스는 레거시 미디어가 생산한 기사만이 아니다. 디지털 플랫폼이 기존 언론사처럼 뉴스 서비스만을 제공하는 기업이 아니므로, 기사 이외의 각종 정보와 혼재되어 뉴스가 유통된다. △언론사의 기사, △1인 미디어의 기사뿐 아니라, △유명인의 포스팅, △친구의 근황, △기사에 대한 친구의 의견 등도 이용자에게는 모두 새로운 소식, 즉 '뉴스'일 수 있다. 게다가, 뉴스가 개별적으로 유통이 되기보다는 연결된 친구들의 활동과 더불어 전달이 된다.

뉴스 개념의 재정의 필요성

디지털 플랫폼은 이용자의 참여를 전제로 한다. 참여의 활동은 곧 텍스트로 남게 되고, 이 기록은 이용자의 취향을 나타내는 소중한 정보로 기록되어 플랫폼 기업이 구성한 알고리듬에 따라 이용자에게 콘텐츠를 추천해주는 데 활용이 된다. 이용자가 뉴스를 공유하고, 읽고, '좋아요'를 누르고, 댓글을 다는 대부분의 참여 행위가 알고리듬 작동을 위한 데이터로 사용된다. 결국, 이용자에게 전달되는 뉴스는 '친구'의 의견이 담긴 뉴스라는 점에서 같은 언론사가 발행한 뉴스라 하더라도 전혀 다른 텍스트일 가능성이 크다.

이용자가 적극적으로 텍스트에 개입할 수 있는 디지털

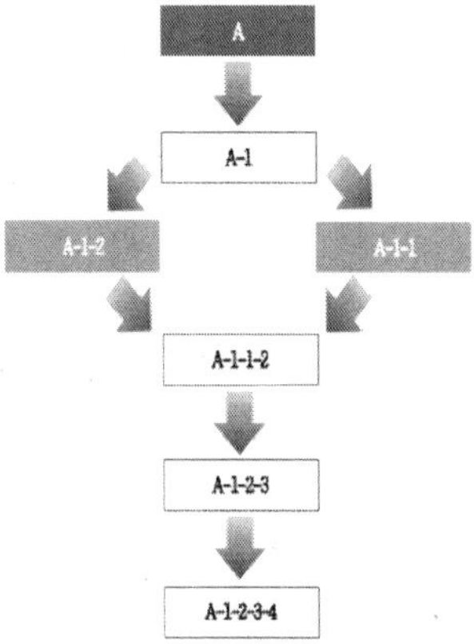

그림 1-3. 플랫폼상의 뉴스텍스트 판본.

출처: 이재원(2018). 『소셜 미디어의 사회연결성과 이용자 참여 연구: 페이스북 토픽의 활성화 과정을 중심으로』. 이화여자대학교 언론홍보영상학과 박사학위 청구논문.

플랫폼 환경에서 뉴스는 기존의 정의가 아니라, 디지털 시대의 패러다임으로 새롭게 재정의되어야 한다. 이제 뉴스 소비자는 수동적으로 뉴스를 전달받고 수용하는 존재가 아니라, 생산자(producer) 역할까지 하는 이용자(user), 즉 생용자(produser)(Bruns, 2008)이기 때문이다.

그림 1-3을 참고하면, 플랫폼에 연결된 이용자들은 같은 뉴스 A를 읽는 것처럼 보이지만, 사실은 다른 이용자의 활동이 덧붙여진 여러 판본(A-1, A-1-1, A-1-1-2 등)을 각각 확인하는 것이다. 특정한 뉴스에 친구가 '좋아요'를 눌

렀는지, '싫어요'라고 표시했는지를 함께 읽어 내게 된다. 더구나 이 각각의 판본은 고정되지 않고 실시간으로 역동적으로 기록되고 소비되며 텍스트와 이용이 끊임없이 접합된다. '뉴스 A'를 읽었다고 생각하는 이용자가 사실은 '친구'의 의견까지 더해진 'A-1-2-3-4'를 중층적으로 해독하고 있는지도 모른다.

이러한 상황에서 '뉴스' 개념을 언론사 조직에서 발행한 기사만을 대상으로 삼을 수는 없다. 디지털 플랫폼에서 이용자가 뉴스라고 생각하고 보는 소식들은 사실 △콘텐츠 기업의 포스팅, △유명인의 포스팅, △이용자 작성 포스팅, △이용자의 의견 등 기존의 뉴스 패러다임으로 이야기하기 어려운 정보들이 포함된다(이재원, 2018). 심지어 언론사 기사를 굳이 확인하지 않아도 카카오톡 단체방에 속해 있으면 중요한 소식을 놓치지 않는다고 이야기한다. 디지털 플랫폼의 맞춤형 서비스에 익숙한 세대는 '뉴스가 나를 찾아올 것이라는 인식(news-finds-me perception)'이 강한데, 이때의 뉴스는 언론사가 발행하는 기사만을 의미하지 않는 것이다. 따라서 저널리즘을 언론사의 뉴스 중심으로 논의하고자 하는 시각을 확장할 필요가 있다.

새로운 개념의 뉴스는 과거 일 대 다수로 전달되던 레거시 미디어와 달리, 개별 기사 단위로 연결된 개인들 간

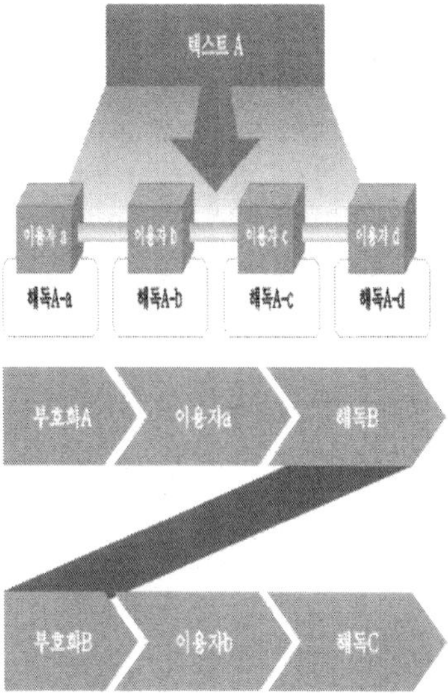

그림 1-4. 전통 미디어의 해독과 플랫폼의 해독

출처: 이재원(2018). 『소셜 미디어의 사회연결성과 이용자 참여 연구: 페이스북 토픽의 활성화 과정을 중심으로』. 이화여자대학교 언론홍보영상학과 박사학위 청구논문.

에 텍스트와 해석을 넘나들게 된다. 플랫폼 이용자들끼리 연결하여 될 수 있는 대로 플랫폼에 오래 머물도록 만드는 알고리듬으로 인해, 때로는 친구의 해석이 곧 텍스트가 되어 텍스트와 해독 간의 치환이 일어난다(이재원, 2018). 그림 1-4에 나타나 있듯, 전통 미디어의 텍스트는 이용자들이 개별적으로 해독하는 양상을 보였다. 그림 1-4의 아래 그림을 보면, 플랫폼으로 이용자들 간 연결이 이뤄지고, 이용자의 참여 행위가 기록되어 또 다른 이용자에게 읽히면서 다른 이용자의 해독이 곧 또 다른 이용자에게는 해독해야 하는 부호로 읽히게 되는 구조를 보인다.

이처럼 디지털 플랫폼의 발달과 더불어 미디어의 작동 문법과 이용자의 뉴스 이용 행태도 달라지고 있으므로, 저널리즘을 논의할 때 이러한 생태계 변화를 고려해야 할 필요성이 커졌다. 이런 생태계의 핵심은 알고리듬이라고 볼 수 있다.

참고문헌

이재원(2018). 『소셜 미디어의 사회연결성과 이용자 참여 연구: 페이스북 토픽의 활성화 과정을 중심으로』. 이화여자대학교 언론홍보영상학과 박사학위 청구논문.

최민영(2021.8.11.). "밀레니얼 위한 시사 뉴스레터 넘어서겠다". 《한겨레신문》 https://www.hani.co.kr/arti/economy/it/1007289.html

Bruns, A.(2008). *Blogs, wikipedia, second Life, and beyond : From production to produsage.* New York: Peter Lang Publishing.

Pew Research Center(2008.8.23.). *Changing news audience behavior.* http://www.pewinternet.org/2008/08/23/changing-news-audience-behavior/

Prensky, M.(2001). *Digital natives, digital immigrants part 1.* On the Horizon, 9(5), 1~6.

Reuters Institute(2020). *Digital news report 2020.* https://reutersinstitute.politics.ox.ac.uk/sites/default/files/2020-06/DNR_2020_FINAL.pdf

02

인공지능 큐레이션의 뉴스 가치

사람과 정보가 진공 상태에서 연결되기란
어렵다. 이미 알고리듬의 추천에 기대 정보를
확인하는 생태계가 조성되어 있는데, 과연
뉴스의 환경이 나아졌는지 장담하기는 어렵다.
인공지능의 편집 이후 뉴스의 생산 환경은
오히려 좋은 기사를 포기하는 양상이 나타났다.

포털 사이트의 뉴스 추천

영어 뜻 그대로 일종의 '관문'인 '포털(portal)'은 서비스 초창기에는 주로 다양한 사이트를 연결해주는 통로의 역할을 했다. 이제 포털 사이트는 뉴스 유통의 주요 통로로 자리 잡았다. 한국언론진흥재단이 〈2019 언론수용자 조사〉와 〈2019 10대 청소년 미디어 이용 조사〉를 분석한 결과, 뉴스를 이용하는 데에 20~50대는 포털 사이트에 과도한 의존을 보이는 것으로 드러났다. 20대 89.1%, 30대 92.4%, 40대 88.5%, 50대 75.1%가 포털 사이트에서 뉴스를 이용한다(한국언론진흥재단, 2020).

이처럼 이용자들의 포털 의존도가 높아지면서, 이제 포털 사이트는 수많은 언론사의 기사를 어떤 기준으로 배치하느냐를 고심하게 되었다. 포털 사이트에서 어떻게 뉴스 부문을 편집하느냐에 따라 각 언론사의 기사 유입률과 수익이 달라지기에 이는 언론사들에도 매우 첨예한 문제였다. 언론사는 포털 사이트가 저널리즘의 뉴스 가치를 제대로 실현하고 있는지 의문을 제기했고, 이는 언론사와 포털 사이트 간의 불신의 씨앗이 되기도 한다. 문제는 포털 사이트의 뉴스 편집이 과연 저널리즘 정신에 따라 이루어지느냐는 것이었다. 포털 사이트의 다양한 서비스 중 하나인 뉴스 서비스가 결국은 공중(public)의 '알 권리'가 아니라, 포털 기업의 이익에 복무한다는 시선이었다. 그 때문에 뉴스 편집의 공정성 이슈가 끊임없이 제기된 것이다. 포털 사이트의 뉴스 편집자가 인터넷신문의 편집자에 비교해서 전문성이 떨어지지 않으며, 이에 따라 포털 사이트 뉴스의 편집 품질이 인터넷 매체에 비교해 낫지 않다는 연구가 등장할 정도였다(유봉석 · 정일권, 2012).

인공지능 큐레이션의 도입과 확산

인공지능 기술의 발달과 더불어 뉴스 편집의 공정성 이슈는 포털 사이트에게 알고리듬 개발에 박차를 가하게 만들었다. 카카오의 경우 2015년부터 포털 사이트 다음과 카카오톡의 뉴스를 '루빅스(현 카카오 i)'라는 인공지능 편집 시스템으로 편집을 하고 있다(이승주 · 이후민 · 손우성 · 정유정, 2020).

네이버는 2017년 상반기부터 '에어스'(AiRS)를 시작해 2019년 봄 뉴스에 전면 도입했다. 이용자가 직접 언론사를 선택해서 기사를 보는 '언론사 편집' 영역이 아닌, '마이(MY) 뉴스' 영역은 사람이 아닌 인공지능이 전면 편집하기 시작했다. 에어스는 'AI 추천 시스템(AI Recommender System)'의 줄임말로, 네이버는 '공기(AIR) 같은 인공지능 추천시스템'이라고 설명했다. 2017년 2월 에어스 서비스를 도입하며, 네이버는 공식 블로그 '네이버 다이어리'를 통해 첫째, CF(Collaborative Filtering, 협력 필터링) 기술, 둘째, 인공신경망 기술인 RNN(Recurrent Neural Network)을 적용한다고 밝혔다. CF는 사용자별 콘텐츠 소비 패턴을 분석해, 유사한 이용자가 많이 본 콘텐츠를 추천해 주는 방식이다. RNN은 이용자가 콘텐츠를 본 순서까지 고려해 스스로 학습하는 인공지능 디프러닝 방식으로, 더욱 정교하게 최신 콘텐츠를 보여주는 방식이다.

알고리듬은 한 번 정해두고 몇 년씩 지속하지 않는다. 실시간으로 집계되는 수많은 정보들을 바탕으로 계속 변경되고 개발된다. 네이버 개발자들은 RNN 방식을 개발하는 과정을 공개하며 모든 클릭을 긍정적으로 전제했지만, 그렇지 않은 클릭도 존재하기에 이 문제를 해결해야 한다고 논의하기도 했다(Park, Lee, & Choi, 2017). 네이버가 2019년 에어스를 전면 도입할 당시 언론은 네이버가 '드루킹 사건'에서 촉발된 댓글 논란 및 편집의 공정성 논란에서 자유로워지고자 이러한 선택했다고 분석하며, 알고리듬이 제대로 검토되었는지에 의문을 제기했다(이국현, 2019). 해당 보도는 '네이버 뉴스 알고리듬 검토 위원회'가 에어스가 이용자의 관심사와 다른 분야의 기사도 추천될 수 있다고 했지만, 검토 위가 소스 코드를 직접 살펴보지 못하고 네이버의 자료를 받은 뒤 질의응답으로 내용을 확인했다고 지적했다. 알고리듬은 기업의 비밀로 간주하기 때문이다.

네이버 측은 사회적 요구를 받아들이며 알고리듬의 원리를 공개하기 시작했다. 2020년 《관훈저널》에 '네이버 뉴스 알고리듬 이렇다'라는 제목으로 에어스의 원리를 자세히 설명했다(유봉석 · 최재호 · 최창렬, 2020). 네이버 뉴스 추천 알고리듬을 구성하는 주요 요소는 첫째, 사용자 로그에 기반을 둔 협력 필터링, 둘째, 디프러닝 기반의 뉴스 기사 품질 모델, 셋째, 뉴스 기사 클러스터링이라고 공개했다.

먼저, "추천시스템은 사용자가 검색어를 입력하지 않아도 사용자의 과거 이력과 성별, 연령, 위치 등의 컨텍스트(context) 정보를 기반으로 가장 적합한 아이템을 찾아주어야 한다"(50쪽)며 협력 필터링을 대표적인 추천 알고리듬으로 꼽았다. 전체 사용자의 70%에 달하는 로그인 사용자의 로그 기록을 바탕으로 로그 기반(log-based) 협력 필터링 알고리듬을 사용한다는 것이다. 둘째, 다수 이용자의 소비 이력을 바탕으로 △기사 제목, △본문, △이미지, △바이라인, △기사작성 시간 등 기사의 정보를 컴퓨터에 입력해 디프러닝 기술을 이용해 완성도 있는 기사인지 예측한다. 셋째, 뉴스 클러스터링(clustering)은 "사용자 개인의 관심 여부와 상관없이 다수의 언론사에서 다루는 이슈에 대한 정보를 기반으로 뉴스를 추천하는 방식"(54쪽)이다. 이러한 방식은 "비슷한 시간대에 많은 언론사가 같은 주제로 생산하는 기사가 많다면, 대중적으로 관심이 많고 중요 이슈일 수 있다는 걸 전제로 한다"(54쪽)고 설명한다.

이처럼 네이버 뉴스추천은 하나의 알고리듬으로 구성되는 게 아니라, 여러 알고리듬을 결합해 최종적으로 뉴스의 추천을 진행한다. 뉴스 추천 시 고려사항은 첫째, 실시간으로 사용자의 선호도 예측, 둘째, 자동화 방식으로 뉴스 품질 측정, 셋째, 시의적절한 주요 이슈 감지, 넷째, 확장성 있는 시스템 구조다(네이버 서치앤테크 블로그, 2021). 특히 뉴스 품질 측정 시 고품질 기사는 △기사의 제목, 본문 등 콘텐츠 정보, △네이버 뉴스 이용자의 피드백 데이터(클릭수, 체류시간)를 함께 고려해 품질을 추론한다고 밝혔다. 고품질 기사란 "뉴스를 소비하는 사용자의 관점에서 많은 사용자들이 만족스럽게 읽은 기사"라고 규정했다. 이 때 이용자들의 만족을 많은 이들이 클릭했는가, 오래 동안 기사에 머물렀는가로 측정한다는 것이다.

인공지능 큐레이션 이후 뉴스의 변화

에어스의 편집 시스템을 도입하기로 한 뒤 네이버 측은 "뉴스 편집 자동화는 기술을 바탕으로 사람과 정보, 사람과 사람을 직접 연결하는 네이버 본연의 가치에도 부합하는 것"이라며 "네이버 뉴스 서비스를 통해 평소 관심 있는 주제에 대한 다양한 매체의 기사를 편리하게 접하고, 선택한 매체의 편집 가치를 고스란히 전달받을 수 있는 플랫폼 역할에 충실하겠다"고 밝혔다(이국현, 2019). 사람과 정보가 진공 상태에서 연결되기란 어렵다. 이미 알고리듬의 추천에 기대 정보를 확인하는 생태계가 조성되어 있는데, 과연 뉴스의 환경이 나아졌는지 장담하기는 어렵다.

인공지능의 편집 이후 뉴스의 생산 환경은 오히려 좋은 기사를 포기하는 양상이 나타났다. 연예 뉴스 생산자 15명을 심층 인터뷰한 결과, 인공지능 편집 이후의 뉴스 생산 방식은 다음과 같은 변화를 나타냈다(이재원, 2020). 첫째, '가짜단독'의 증가다. 뉴스 생산자들은 에어스 알고리듬이 '단독'에 가중치를 부여한다는 판단으로, 과거라면 '단독'이라고 표시하지 않을 기사에도 '단독'이라고 표기했다. 둘째, 소셜 미디어의 포스팅을 베껴 쓰는 기사들이 늘어났다. 더욱 많은 이들이 클릭하는 기사의 유형이기 때문이다. 선행 자료가 있어야 작동할 수 있는 알고리듬의 특성을 파악한 조치다. 결국, 이러한 변화는 뉴스 생산자들이 알고리듬의 가중치를 부여받기 위한 '알고리듬 속이기' 전략이며, 다른 기사 없이 홀로 독주하는 콜드 시스템(cold system)보다는 클러스터링을 형성하는 게 자사 기사 노출에 유리하다는 판단 아래 행해지고 있었다.

참고문헌

네이버 서치앤테크 블로그, 2021 네이버 뉴스 추천 알고리즘에 대해 (Part1) https://blog.naver.com/naver_search/222439351406

네이버 서치앤테크 블로그,2021 네이버 뉴스 추천 알고리즘에 대해 (Part2) https://blog.naver.com/naver_search/222439504418

유봉석·정일권(2012). 포털 뉴스와 인터넷신문 편집자의 전문가 역할 인식과 게이트키핑 차이 분석. 《사이버커뮤니케이션학보》, 29권4호, 267~303.

유봉석·최재호·최창렬(2020). 네이버 뉴스 알고리듬 이렇다. 《관훈저널》, 겨울호, 48~56.

이국현(2019.4.2.). 네이버, 뉴스 자체편집까지 '중단'…편향성 논란 종지부 찍나?. 《뉴시스》. https://newsis.com/view/?id=NISX20190402_0000607387

이승주·이후민·손우성·정유정(2020.9.15.). 포털 메인뉴스 어떻게 편집하나. 《문화일보》. http://www.munhwa.com/news/view.html?no=2020091501031607000001

한국언론진흥재단(2020). 연령대별 플랫폼 이용의 양상과 특징. 《Media Issue》, 6권1호.

Park, P., Lee, J., & Choi, J.(2017). *Deep Neural Networks for*

News Recommendations. Proceedings of the 2017 ACM on Conference on Information and Knowledge Management, 2255~2258. https://doi.org/10.1145/3132847.3133154

03

가짜 뉴스의 추천

유튜브 저널리즘에 관한 논의가 본격적으로 일어나기 쉽지 않은 이유는 유튜브라는 플랫폼이 가진 속성이 기존의 뉴스와는 맞지 않아 보이기 때문이다. 현실에서는 소셜 미디어 중 유튜브에서 뉴스를 확인하는 비율이 가장 높다. 뉴스 이용자에게 유튜브 저널리즘에서 가장 우려되는 문제는 '가짜 뉴스'다. 유튜브의 추천시스템과 공유하기 쉬운 속성은 '가짜 뉴스'를 빠르게 확산시킬 우려가 있다.

유튜브의 성장

유튜브(YouTube)는 2005년 6월 온라인으로 쉽게 비디오를 공유할 수 있게 만든 단순한 서비스로 시작했다. 첫 영상인 '동물원의 나(Me at the zoo)'는 동물원을 구경하는 모습이 담겨있는 기념 비디오와 같다. 친구들과 쉽게 영상을 발행하고 공유할 수 있는 간단한 서비스였지만, 이용자가 늘어나고 2006년 10월 구글이 16억5000만 달러에 유튜브를 인수하면서 주류 매체로 거듭나기 시작했다.

그저 '디지털 비디오 저장소(Your Digital Video Repository)'를 내걸고 시삭한 유튜브는 '당신을 방송하라(Broadcast Yourself)'로 디지털 영상 플랫폼의 새로운 패러다임을 제시했다. 유튜브는 웹 2.0 시대의 자기표현 플랫폼으로 거듭났다. 2006년 〈타임〉지 선정 올해의 발명품에 올랐다(조민근, 2006). 2007년 영국에서 BBC를 제치고 가장 유명한 사이트에 올랐고, 2008년에는 세계적으로 방문자 수 10위권에 올랐다. 초창기에 이러한 바람은 기술비즈니스 블로그 테크크런치(TechCrunch)에서 '바보들을 위한 뉴스'라는 조롱을 받기도 했다. 그러나 이용자의 참여문화 바람이 거센 시기에 유튜브는 시장구조와 저작권 문제 등 다양한 변화를 일으켰다.

버지스와 그린(Burgess & Green, 2011)에 따르면 유튜

브가 메인에 오른 중요한 기능은 다음의 네 가지를 들 수 있다. 첫째, 추천 비디오 시스템이다. 둘째, 비디오를 이메일로 공유할 수 있는 기능 덕분이다. 셋째, 논평을 달아 소셜 미디어에 쉽게 공유할 수 있다. 넷째, 영상을 쉽게 끼워 넣을 수 있는 임베딩(embeddable) 기능이다.

유튜브 이용자가 늘어나면서 유튜브가 TV를 제치고 중추적인 영상 미디어의 역할을 맡은 상황(박현길, 2019)은 국내도 마찬가지다. 와이즈앱이 2021년 4월 스마트폰 앱 이용시간을 조사한 결과 10세 이상의 한국인이 가장 오랜 시간 사용한 앱은 유튜브로 총 680억 분에 달했다(박명기, 2021). 유튜브의 뒤를 이어 2위 카카오톡(292억 분), 3위 네이버(202억 분), 4위 인스타그램(60억 분), 5위 페이스북(41억 분), 6위 다음(37억 분)이었다. 2~6위의 이용시간을 모두 합해도 유튜브 이용시간에 미치지 못할 정도였다.

뉴스 미디어 유튜브

로이터 연구소의 〈디지털 뉴스 리포트 2021〉에 따르면 한국인은 2020년 소셜 미디어나 메신저 중 유튜브에서 가장 많이 뉴스를 이용했다(44%). 유튜브의 영향력이 커지고, 유튜브에서 뉴스를 접하는 이용자가 늘어나면서 '유튜브 저널리즘'을 진지하게 논의할 시점이라는 주장이 제기되고 있다(Peer & Ksiazek, 2011). 시청률 조사기관인 닐슨은 '2019 뉴스 미디어 리포트-유튜브 저널리즘'에서 뉴스 미디어로서 유튜브의 역할에 주목하기 시작했다. 언론에서는 닐슨의 이러한 보고서가 뉴스 수용자들이 이미 유튜브에서 '저널리즘'을 소비하고 있다는 현상적인 판단의 결과라고 봤다(정철운, 2019). 닐슨의 보고서는 유튜브 뉴스를 △방송사 제작뉴스, △디지털 언론사 제작뉴스, △인플루언서 제작뉴스, △개인 제작뉴스로 구분했다. 보고서에 따르면 유튜브에서 뉴스를 이용하는 이들은 △흥미성, △편리성, △다양성 등의 동기로 유튜브 뉴스를 이용했다. 문제는 전통 뉴스에서 중요하게 여기는 △신뢰성, △전문성은 유튜브 이용자에게는 주요 이용 동기가 되지 못한다는 것이다. 유튜브에서 뉴스 이용자가 기대하는 가치는 △재미(Fun), △유쾌한 장난(Frolic), △경박함(Frivolity)이었다.

유튜브 저널리즘'은 학문적인 논의가 이뤄지기 시작한 지 얼마 되지 않아 아직 그 정의가 확립되었다고 보기는 어렵다. 2019년 '유튜브 저널리즘'을 주제로 한국방송학회 학술대회, 한국소통학회 세미나 등에서 특별 세션이 마련되며 학문적인 모색을 하기 시작했고, 2020년에야 학술

연구들이 발간되기 시작했다.

양형모 · 박주연(2020)은 신문 기자들을 대상으로 심층 인터뷰를 진행해 이들이 동영상 플랫폼 시대에 대처하기 위해 전문성을 차별화로 내세우는 동시에 경제적 수익성까지 기대하는 변화를 읽어 냈다. 양선희(2020)는 유튜브 저널리즘에 대응하기 위한 전통적 저널리즘의 전략을 정리했다(255~257쪽). 첫째, 라이브 스트리밍 서비스에 주력하기를 제안했는데, 일간 뉴스나 청문회, 대선 등을 라이브로 제공할 수 있기 때문이다. 둘째, 틈새시장 파고들기와 차별화 전략을 제안했다. TV나 신문에 담지 못했지만, 취재 과정이나 배경이 되는 정보를 전달하라는 것이다. 셋째, TV나 신문의 정형화된 콘텐츠와는 다른 유튜브의 특성을 살려 서브 채널을 활성화하는 전략을 내놨다. 예컨대, JTBC의 경우 유튜브에 엔터테인먼트, 드라마, 연예, 웹 예능 등으로 채널을 구분한다. 넷째, 유튜브가 뉴스 중심의 플랫폼은 아니므로 언론사의 하위 브랜드로 운영해 언론사의 가치는 고수하라고 조언했다. 다섯째, 시민이나 외부 기관이 참여할 수 있는 협업을 통해 콘텐츠의 다양성과 전문성을 확대하라고 제안했다.

사실 유튜브 저널리즘에 관한 논의가 본격적으로 일어나기 쉽지 않은 이유는 유튜브라는 플랫폼이 가진 속성이 기존의 뉴스와는 맞지 않아 보이기 때문이다. 그동안 레거시 미디어의 기사 전달 방식은 될 수 있는 대로 기자를 드러내지 않는 방식으로 객관성을 확보하고자 했었다. 반면, 유튜브는 개성 넘치는 크리에이터들이 주도하는 플랫폼이고, 구독자 수로 수익이 확보되는 일종의 팬덤 운영 방식이라 뉴스와는 거리가 멀어 보였다. 이용자들은 유튜브에서 재미를 찾고, 설령 뉴스를 확인한다 하더라도 기존의 뉴스 가치를 기대하는 게 아니라, 재미 요소를 원하기에 저널리즘이 작동하기 적합한 공간은 아니라는 인식이 강하다. 피어와 크시아젝(Peer & Ksiazek, 2011)의 연구에서도 유튜브라는 플랫폼과 저널리즘의 간극이 확인되었다. 이들은 유튜브의 882개 동영상을 내용 분석한 결과, 대부분 뉴스 동영상이 편집 기술이라든가 오디오 품질 등 전통적인 제작 방식을 준수하지만, 소스 사용이나 공정성 등 일반적인 기사의 준칙 양식은 위반하는 것으로 나타났다. 유튜브 스타일의 '편안한 콘텐츠 관행(relaxed content practices)'이 높은 조회 수를 기록하고, '전통적 제작 관행(traditional production practices)'을 고수한다고 인기를 얻는 것은 아니라고 분석했다.

저널리즘과 유튜브의 플랫폼 속성에는 이처럼 틈이 존재하지만, 기존의 언론사로서는 유튜브를 배제하기는 쉽지 않다. 기존의 언론사들은 유튜브를 운영하며 유튜브의 문법과 레거시 미디어의 문법 간 조율을 시도한다. 이 과정에서 기자들은 크리에이터와 경쟁하며, 유튜브 플랫폼의 성격에 맞는 양식으로 뉴스를 만들어 갈 것인지, 그 안에 변하지 않는 저널리즘의 속성으로 무엇을 가져갈 것인지 끊임없이 고민한다. 뉴스는 유튜브에 걸맞지 않은 주제라는 인식, 유튜브에서는 폭로성 콘텐츠가 많은 클릭을 확보하는 지름길이라는 시선 속에서 저널리즘 수행자로 유튜브를 운영하는 일은 쉽지 않다. 10만 명의 구독자를 보유한 기자는 "크리에이터로 전환하는 유튜브의 세계는 기자로서 매체별 계급장을 뗀 '정글' 그 자체였고, 수많은 크리에이터 및 콘텐츠 제작자들과 무한 경쟁을 해야 하는 '전쟁터'와 다름없었다. 그 사이에서 기자로서 얼마만큼 경쟁력 있는 콘텐츠로 승부할 것인가는 지금도 어려운 문제다"라면서도 "구독자들이 궁금해 하는 점을 밀착 취재하고, 정확한 사실을 균형감 있게 전달하는 것은 기존 저널리즘의 원칙과 다르지 않았다"고 이야기한다(이은주, 2021).

가짜 뉴스와 유튜브 알고리듬

유튜브와 뉴스는 어울리지 않는 그림처럼 보이지만, 소셜 미디어 중 유튜브에서 뉴스를 확인하는 비율이 가장 높다. 기존의 언론에 관한 불신은 유튜브 크리에이터가 전달하는 소식을 더 강하게 믿게 했는지도 모른다. 기자 출신 크리에이터, 일반인 시사 분석가 등 '폭로성 정보'가 인기를 끄는데, 문제는 이러한 정보가 과연 사실이냐는 점이다. 범죄 사건이 벌어지면 범인을 잡고자 온갖 분석이 등장하고, 정치적 비방과 폭로가 난무하기도 한다.

뉴스 이용자에게 유튜브 저널리즘에서 가장 우려되는 문제는 '가짜 뉴스'다. 한국언론진흥재단 미디어연구센터가 온라인 설문조사를 벌인 결과 명백한 허위사실이라는 것을 알고도 해당 내용을 포함해 콘텐츠를 제작하거나 유포하는 행동에 대해 응답자의 87%가 '매우 심각한 문제임', 11.1%가 '약간 심각한 문제임'이라고 답했다(양정애, 2021). 이에 앞서 한국언론진흥재단이 영국 옥스퍼드대학교 로이터저널리즘연구소와 발간한 《디지털 뉴스 리포트 2020 한국》의 결과도 별반 다르지 않다. 한국은 조사대상 40개국 중 허위정보에 대해 우려한다는 응답이 18번째로 많았고, 가장 우려되는 플랫폼으로 유튜브(31%)를 꼽았다(박아란 · 이소은, 2020). 이용자들이 가짜 뉴스의 심각성을 인식하고 있지만, 사회적으로 관심이 환기되는 뉴스에 관한 호기심은 때로 가짜 뉴스를 집단적으로 소비하게 만들기도 한다. 일부 이용자들은 경찰이나 언론에 대한 불신을 안고, 일부 사건 사진이나 자신의 경험을 토대로 음모론을 제기하는 크리에이터들을 '정의의 사도'처럼 받아들이기도 한다.

가짜 뉴스는 2016년 미국 대선 당시 논란이 되었다. 프란치스코 교황이 도널드 트럼프를 지지한다는 가짜 뉴스, 힐러리 클린턴이 피자가게에서 아동 성매매 조직을 운영한다는 가짜 뉴스 등이 이어졌다(황금비, 2016). 2020년 미국 대선에서는 가짜 뉴스의 확산을 막기 위해 유튜브가 조치를 취하기도 했다. 대선 관련해 허위정보가 담긴 영상을 삭제하고, 선거 관련 패널 기능을 추가했다(정윤경, 2020).

사실 '가짜 뉴스'라고 쉽게 이야기하지만, '가짜 뉴스'를 규정하기는 쉽지 않다. 임종섭(2017)은 가짜 뉴스는 기원 후부터 존재했지만, '가짜 뉴스'라는 표현에는 모순 어법이 담겨있다고 지적한다. "확인되지 않은 불확실한 콘텐츠를 가짜 뉴스로 부르는 행위는 뉴스 영역에 존재할 수 있는 합법성을 이 콘텐츠에 부여하는 중대한 실수를 범하는 것"이라며 "진짜와 가짜로 구별하는 행위 자체는 뉴스의 존립을 위협할 수 있다. 기자들이 발품을 팔아 제작한 기사가 유통되는 뉴스 시장이라는 '장(field)'에 허위정보를 짜깁기한 콘텐츠의 진입을 허용하기 때문이다"(88~89쪽)라고 주장했다. 가짜 뉴스의 정의는 학자마다 다르지만, "내용적으로는 정보의 허위성과 유포의 의도성, 형식적 측면에서 언론 보도 형식의 차용성을 갖추어 작성한 경우"(양선희, 2020, 252쪽)라는 공통점을 지닌다.

문제는 유튜브에서 이러한 가짜 뉴스가 알고리듬에 따라 쉽게 유통이 된다는 것이다. 유튜브 측은 유튜브크리에이터아카데미에 유튜브의 알고리듬은 "시청자를 따라가는 것"이라며 △시청자가 보는 것, △시청자가 보지 않는 것, △시청자의 동영상 시청 시간, △'좋아요' 및 '싫어요', △'관심 없음' 의견 등을 살핀다고 밝혔다. 유튜브는 유튜브 알고리듬에 대해 "추천시스템은 실시간 피드백 루프를 통해 시청자 개인마다 다양한 관심사에 맞는 동영상을 찾는다"라는 정도로만 설명하고 있다. 피드백 루프(feedback loop)는 이용자 행동 데이터(평판, 반응, 측정 등)의 긍정적/부정적 피드백을 구분해 관리, 콘텐츠와 이용의 품질을 유지하는 방식이다(최선영 · 고은지, 2018). 김인식 · 김자미(2021)는 "유튜브가 어떤 알고리듬을 사용하는지는 정확하게는 알려진 바는 없지만, 협업 필터링과 콘텐츠 기반 필터링을 활용하는 것으로 알려져 있다"(72쪽)고 설명했다. 협업 필터링은 이용자와 비슷한 성향의 이용자가 선호하는 콘텐츠를 추천하는 방식이며, 콘텐츠 기반 필터링은 이용자가 시청한 콘텐츠와 유사한 특성의 콘텐츠를 추천하는 방식이다.

유튜브에서 가짜 뉴스가 빠르게 확산되는 이유가 또 있다. 공유하기 쉬운 속성은 가짜 뉴스를 쉽게 퍼트릴 우려가 있다. 가령 유튜브 이용자는 친구들과 공유하고 싶은 콘텐츠를 발견할 경우 카카오톡과 같은 플랫폼을 통해 단체카톡방에 쉽게 해당 콘텐츠를 공유하는데, 이 콘텐츠가 가짜 뉴스라면 문제는 심각해진다. 처음 공유한 한 사람의 친구들뿐만 아니라, '친구의 친구들'에게까지 전달될 수 있기 때문이다. 정정주 · 김민정 · 박한우(2019)는 여기에 온라인 공간에서의 집단적 유대감이 '사회적 동조'를 일으킨다면 더욱 위험할 수 있다고 경고했다. "정보전달과 소통 측면에서 허위정보 확산의 연쇄작용은 이러한 패턴을 끊을 수 있는 증거를 찾지 못하거나 설사 증거를 찾는다 하더라도 기존의 이용자는 증거에 주목하지 않은 채 불명확한 정보에 계속 의지할 수 있다는 것"(134쪽)이라고 우려를 나타냈다.

참고문헌

김인식·김자미(2021). 유튜브 알고리즘과 확증편향.

《한국컴퓨터교육학회 학술발표대회논문집》, 25권1호(A), 71~74.
박명기(2021.5.18.). 한국 전세대 많은 시간 사용 앱 1위 유튜브…. 7위는 업비트!. 《한경닷컴》. https://www.hankyung.com/it/article/202105186536v
박아란·이소은(2020). 《디지털 뉴스 리포트 2020 한국》, 한국언론진흥재단 미디어연구센터.
박현길(2019). 유튜브도 이젠 미디어?. 《마케팅》, 53권4호, 40~50.
양선희(2020). 유튜브 저널리즘 시대, 전통적 저널리즘의 대응현황과 과제. 《사회과학연구》, 31권1호, 245~262.
양정애(2021.2.23). 유튜브 이용자들의 '유튜버'에 대한 인식. 《미디어이슈》. 7권1호.
양형모·박주연(2020). 신문기자의 유튜브 1인 방송 콘텐츠 생산의 특징과 저널리즘 역할 인식 연구, 《커뮤니케이션학 연구》, 28권1호, 33~59.
유튜브크리에이터아카데미. Youtube 검색 가능성 높이기. https://www.seoul.co.kr/news/newsView.php?id=20210107030006
이은주(2021.1.6.). [이은주의 비하인드 컷] '유튜브 저널리즘', 그 낯선 길에서. 《서울신문》. https://www.seoul.co.kr/news/newsView.php?id=20210107030006
임종섭(2017). 언론의 위기와 가짜 뉴스 파동. 《관훈저널》, 142, 87~93.
정윤경(2020.10.24.). "가짜 뉴스와의 전쟁"…美대선 앞두고 트위터·유튜브, 허위 정보 차단·제한. 《뉴스1》. https://www.news1.kr/articles/?4097129
정정주·김민정·박한우(2019). 유튜브 상의 허위정보 소비 실태 및 확산 메커니즘 생태계 연구 : 빅데이터 분석 및 모델링을 중심으로. 《사회과학 담론과 정책》, 12권2호, 105~138.
정철운(2019,7,28). '유튜브 저널리즘'의 시대가 오고 있다. 《미디어오늘》. http://www.mediatoday.co.kr/news/articleView.html?idxno=201463
조민근(2006.11.8.). 유튜브' 올해 최고의 발명품. 《중앙일보》. https://www.joongang.co.kr/article/2500912#home
최선영·고은지(2018). 넷플릭스 미디어 구조와 이용자 경험-행동경제학 관점에서 본 이용자와의 관계 맺기. 《방송문화연구》, 30권1호, 7~42.
황금비(2016.12.8.). 세계 정치권 뒤흔드는 '가짜 뉴스'의 모든 것. 《한계레신문》. https://www.hani.co.kr/arti/international/international_general/773835.html#csidxa61917ca79fa353a1721dc0ff4087ca
Burgess, J. & Green, J.(2011). *Youtube-Digital media and society series.* Polity.
Peer, L. & Ksiazek T. B.(2011). Youtube and the challenge to journalism-New standards for news videos online. *Journalism Studies, 12(1)*, 45~63.

04

뉴스의 사회적 읽기

페이스북에서는 특정한 뉴스가 중요 이슈로 자리 잡고, 이용자들 사이에 의제로 자리 잡는 데에는 뉴스의 특성만 중요한 것이 아니다. '친구'로 연결된 이용자들 사이에서 서로 어떤 역동적인 참여를 하고 이 행위들이 구조화 되느냐에 달려있다. 페이스북이라는 공간에서의 기술적인 작동 방식이 중요하다는 점에서 플랫폼에 한정된 공론장일 가능성이 있다.

페이스북에서 뉴스 읽기

페이스북은 전 세계적으로 이용자가 가장 많은 소셜 미디어에 속한다. 소셜 미디어 플랫폼 최초로 계정이 10억 개를 넘어섰으며, 2021년 1월 기준 월 27억4000만 명 이상의 이용자를 보유하고 있다(이재민, 2021). 한국에서 2020년 442억 원의 매출을 올렸다(김은영, 2021).

페이스북에서의 뉴스 읽기는 레거시 미디어에서 뉴스를 확인하는 방식과 다르다. 가령 신문을 예로 들자면, 일정한 크기의 지면에 3~5꼭지가량의 기사가 들어가는데, 각각의 기사는 △제목, △사진, △기사 텍스트로 구성이 된다(그림 4-1 왼쪽 그림 참조).

반면 페이스북에서 이용자에게 전달되는 뉴스는 △뉴스 전달자, △전달자의 의견, △기사 링크의 순서로 읽히는 구조다. 그림 4-1 오른쪽 그림에서 볼 수 있듯이 페이스북의 기사 링크는 △기사의 섬네일, △기사 제목이 드러나는 구조이며, 페이스북 이용자가 기사의 전문을 확인하기 위해서는 해당 링크를 클릭해야 한다. 신문에서 기사를 읽는다면 제목과 부제 또는 사진에 먼저 시선이 가지만, 페이스북에서는 기사를 공유해준 사람의 의견을 먼저 읽은 뒤, 기사를 비로소 읽게 된다.

이러한 게시 구조는 기사의 내용보다 뉴스를 공유한 친

그림 4-1. 신문 지면의 구성(《동아일보》 2021년 8월 31일 자 1면)과 페이스북 뉴스 읽기 구조(오른쪽).

구에 대한 신뢰도를 중시하게 만든다. 이에 따라 페이스북의 뉴스 이용자는 뉴스에 대한 단서(source que)보다 이를 전달한 사람과 관련된 단서(social que)를 더 믿을 가능성이 크다(Messing & Westwood, 2014). 김미희(2016)는 페이스북 친구의 뉴스 추천이 뉴스 신뢰도 인식과 뉴스 관여에 어떤 영향을 끼치는지 실험 연구를 통해 분석했는데, 친구의 의견 주도력에 따라 친구의 뉴스 추천이 뉴스에 대한 인지 정교화에 미치는 영향이 달라진다고 결론을 지었다. 실제로 이재원(2018)은 페이스북 이용자의 심층 인터뷰에서 "올린 사람을 신뢰하니까 중요한 뉴스를 올렸을 거라고 생각"하고, "개인적인 의견을 써 놓은 것 위주로 확인하는데, 의견을 먼저 보고 그다음에 뉴스를 읽는다"라고 진술했다고 기록했다.

뉴스의 사회적 읽기

개별 뉴스 단위가 아니라, 뉴스를 전달하는 페이스북의 이용자 중심으로 뉴스가 소비되고 유통되면서, 중요한 의제에 대한 감각을 페이스북 내 연결된 '친구'들 사이에서 키우게 된다. 예컨대, 페이스북 이용자들이 특정한 기사를 많이 공유하면, 해당 내용을 다른 소셜 미디어에서 검색해 보고, 포털 사이트에서 확인하는 식이다.

적극적으로 기사를 공유하거나 논평을 곁들이지 않아도, 페이스북 내에서 특정한 포스팅에 '좋아요'를 누르거나 댓글을 다는 것만으로도 이용자들은 소셜 미디어 내의 저널리즘 생산자의 역할을 한다. 이용자의 이러한 참여 행위는 페이스북의 알고리즘에 따라 해당 포스팅이 중요하거나 관심도가 높은지 결정을 짓는 데 영향을 주게 되기 때문이다.

뉴스를 공유한 사람은 뉴스를 읽어 낼지 결정하는 요소로 작동한다. 전통 미디어에서 기사를 취할 때는 각 언론사의 성향이나 논조가 사회적으로 공유되어 있었던 바, 독자는 자신이 원하는 성향의 신문이나 방송사를 택하여 기사를 소비했다. 하지만 미디어 단위가 아니라 비선형적으로 개별 뉴스가 친구에 의해 전달되는 페이스북에서는 '어떤 친구가 공유한 토픽인지'가, '어떤 미디어가 보도한 뉴스인가'보다 중요할 수밖에 없다(이재원, 2018).

이는 파파차리시(Papacharissi, 2010)가 소셜 미디어 이용자들이 게이트키퍼의 위치를 갖게 됨에 따라 '3단계 이론'이 가능하다고 보고, '2단계 이론'의 확장의 의미를 지닌다고 한 논의와 연결된다(p.153). 정보 흐름에서 오피니언 리더(opinion leader)의 영향력을 인정한 '2단계 이론'이 소셜 미디어 시대에는 소셜 미디어의 오피니언 리더까지 포함되는 '3단계'로 정보가 확산하는 양상을 보인다. 실제로 페이스북 내에 '친구들'의 참여 정도에 따라 게이트키핑(gatekeeping)이 단계적으로 이뤄지고 있었다. 페이스북에서 뉴스는 혼자 읽기가 다른 친구들과 함께 읽어나가는 구조인데, 여기에는 이용자들의 참여 정도에 따라 의제가 달라지고 있었다.

페이스북의 참여 구조 알고리듬

페이스북에서 이용자들이 '뉴스'로 소비하는 소식들은 △

언론사 발행 기사, △유명인의 포스팅, △일반인의 포스팅, △공유된 뉴스에 관한 의견 등 다양하다. 언론사가 발행한 뉴스라는 기존의 저널리즘 개념보다 광범위한 소식을 이용자들은 '뉴스'로 받아들인다. 따라서 뉴스뿐만 아니라, 이용자들에게 '뉴스'로 받아들여지는 각종 소식을 포함한 '토픽'이라는 개념을 사용하겠다. 이제 토픽이 어떻게 페이스북 안에서 사회적으로 읽히는지 살펴보자.

어떤 토픽이 이용자들의 뉴스피드에 살아남는가? 어떤 토픽이 사라지는가? 레거시 미디어의 뉴스 기업이 뉴스를 택하더라도, 페이스북에서 공유되고 유통되는 토픽은 이용자들의 참여가 전제되어야 활성화된다. 이는 이용자들의 참여 행위가 데이터로 수집되고, 이 데이터를 바탕으로 알고리듬에 따라 특정한 포스팅은 뉴스피드에 드러나고, 또 다른 포스팅은 드러나지 않기 때문이다.

특정한 토픽이 공유되고 참여 활동의 대상이 되어야 페이스북에서 소멸하지 않고 살아남게 된다. 이용자들의 역할은 참여의 층위에 따라 첫째, 토픽을 자신의 계정에 포스팅하는 '토픽 제안' 참여, 둘째, 제안된 토픽에 '좋아요' '싫어요' 등을 누르거나 공유, 댓글 달기 등 호응을 보내는 '토픽 활성' 참여다. 셋째, 토픽을 묵묵히 듣기만 하는 '토픽 청취' 참여로 나눠볼 수 있다(이재원, 2018).

표 4-1. 페이스북 이용자 참여의 층위

가시적 참여 활동	‘말하기’ 참여	토픽 제안
		토픽 활성
비가시적 참여 활동	‘듣기’ 참여	토픽 청취

출처: 이재원(2018). 『소셜 미디어의 사회연결성과 이용자 참여 연구: 페이스북 토픽의 활성화 과정을 중심으로』. 이화여자대학교 언론홍보영상학과 박사학위 청구논문.

소셜 미디어상의 기록들은 문자적이라기보다는 구술적이라는 점을 고려한다면, ‘토픽 제안’이나 ‘토픽 활성’은 직접 발화하는 방식이며, 페이스북에 기록이 남고 다른 이들에게 보이는 가시적인 참여라고 볼 수 있다. 반면, ‘토픽 청취’ 참여는 ‘듣기’만 하기에 비가시적이다(표 4-1 참조).

래시드(Rashid, 2016)는 페이스북의 토픽이 유지되는 과정을 토픽제안자(topic introducer)의 제안에 추임새를 넣으며 반응하는 토픽을 이어가는 자(topicaliser)의 상호작용으로 분석했다. 페이스북에서의 뉴스 읽기는 첫째, 전문 뉴스 생산자보다 토픽제안자가 제시하는 토픽, 토픽제안자가 제시하는 의견이 중요하다. 둘째, 토픽제안자의 제안을 청취하고 가시적 참여를 하며 토픽을 이어가게 만드는 이용자들의 역할이 필수적이다.

이처럼 페이스북에서는 특정한 뉴스가 중요 이슈로 자리 잡고, 이용자들 사이에 의제로 자리 잡는 데에는 뉴스의 특성만 중요한 것이 아니다. '친구'로 연결된 이용자들 사이에서 서로 어떤 역동적인 참여를 하고 이 행위들이 구조화되느냐에 달려있다. 뉴스를 사회적으로 읽어 내지만, 페이스북이라는 플랫폼의 사회연결성(platformed sociality)(van Dijck, 2013) 내에서 함께 읽어 내게 된다. 사회적으로 함께 읽어 내기에 마치 공론장처럼 보이지만, 페이스북이라는 공간에서의 기술적인 작동 방식이 중요하다는 점에서 플랫폼에 한정된 공론장일 가능성이 있다.

참고문헌

김미희(2016). 페이스북 친구의 뉴스추천이 뉴스 신뢰도 인식과 뉴스관여 행동에 미치는 영향. 《한국언론학보》, 60권 5호, 176~202.

김은영(2021.4.12.). 페이스북, 한국 실적 첫 공개…. 매출 442억원. 《조선일보》. https://biz.chosun.com/site/data/html_dir/2021/04/12/2021041202539.html

이재민(2021.4.28.). [마켓리포트] 페이스북 계정 10억 개 돌파. 《테크월드뉴스》.

https://www.epnc.co.kr/news/articleView.html?idxno=206815

이재원(2018). 『소셜 미디어의 사회연결성과 이용자 참여 연구: 페이스북 토픽의 활성화 과정을 중심으로』. 이화여자대학교 언론홍보영상학과 박사학위 청구논문.

Messing, S., & Westwood,S.J.(2014). Selective exposure in the age of social media:Endorsements trump partisan source affiliation when selecting news online. *Communication Research, 41(8),* 1042~1063.

Papacharissi, Z.(2010). *A private sphere: Democracy in a digital age.* Cambridge: Polity Press.

Rashid, R. A.(2016). Topic continuation strategies employed by teachers in managing supportive conversations on Facebook timeline. Discourse Studies, 18(2), 188~203.

van Dijck, J.(2013). The culture of connectivity: A critical history of social media. New York: Oxford University Press.

05

뉴스봇 서비스의 등장

뉴스봇은 아직은 대화를 주고받는다기보다는 검색어를 입력하는 방식에 가깝다. 이는 인공지능의 발전 단계 중 한 가지 임무만을 수행하는 협의의 인공지능 단계라고 볼 수 있다. 뉴스봇과의 대화는 사람과 사람의 대화가 아닌 사람과 소프트웨어의 대화라는 점에서 인간과 비인간의 복합체가 함께 사회를 만들어 간다는 관점으로 저널리즘을 논의할 필요가 있다.

미디어로서 챗봇(chatbot)

챗봇(chatbot)은 "문자 또는 음성으로 대화하는 기능이 있는 컴퓨터 프로그램 또는 인공지능"이다(한국정보통신기술협회, 2018). 마치 사람처럼 메시지를 보내고 이용자의 질문에 답을 한다. 기업은 친근하게 소비자에게 다가갈 수 있고, 소비자는 친구와 대화하듯 편안하게 서비스를 이용할 수 있다는 장점이 있다.

전 세계적으로 미디어로 챗봇을 활용하려는 시도는 2010년대 중반부터 계속되고 있다. '뉴스의 봇화(the botification of news)'가 2016년부터 본격적으로 시작될 것이라는 전망이 나오기도 했었다(Barot, 2015).

봇은 하드웨어가 아닌 소프트웨어라는 점을 고려한다면, 미디어의 소프트웨어화가 이뤄지고 있다고 볼 수 있다. 기존의 미디어는 주로 하드웨어였지만, 알고리듬으로 작동하는 로봇은 소프트웨어로서 미디어의 역할을 해낸다. 오세욱(2016)은 "메타미디엄으로서 컴퓨터를 기반으로 한 미디어의 소프트웨어화가 이루어진다는 것은 커뮤니케이션을 가능하게 하는 모든 수단을 소프트웨어가 포괄하게 됨을 의미한다"(79쪽)고 보았다. 자동으로 맞춤법을 교정해준다거나, 검색 시 자동완성이 이뤄진다든가 평소 이용하는 수많은 소프트웨어가 사실은 일상 속 로봇일 수 있다는 것이다. 알고리듬과 데이터로 구성되는 소프트웨어(Manovich, 2013)의 특성을 생각한다면 챗봇을 이루는 중요한 기둥은 알고리듬과 이용자의 행위 데이터다. 결국, 챗봇은 '인공지능 기술과 텍스트 메시지를 기반으로 하는 자동 대화형 소프트웨어'(오세욱, 2016, 85쪽)다.

뉴스봇의 사례

뉴스를 전달하는 챗봇 '뉴스봇'은 해외에서 먼저 서비스가 시작되었다. 메신저 플랫폼에 기반을 두지 않은 독립형 뉴스 챗봇이라 할 수 있는 '쿼츠(Quartz)', 텔레그램 메신저 플랫폼의 '포브스(Forbes)' 챗봇, 페이스북 메신저 플랫폼의 'CNN' 챗봇 등이 2010년대 중반 서비스를 이어갔다(오세욱, 2016).

국내의 뉴스봇은 메신저 서비스인 카카오톡이 2019년 4월 '뉴스봇' 채널 서비스를 시작했다. 2021년 9월 1일 현재 510만337명의 이용자를 확보하고 있다. 코로나19 이후 업데이트되는 소식을 편하게 받아보고자 하는 이용자들이 늘었고, 뉴스봇은 이에 맞춰 알고리듬을 수시로 변경했다(김민선, 2020). '뉴스봇'은 뉴스를 전달해주는 '챗봇' AI(인공지능) 기술을 바탕으로 텍스트형 메시지에 맞춰 자동 대화를 구현하는 서비스다. 카카오톡 뉴스봇은 지역

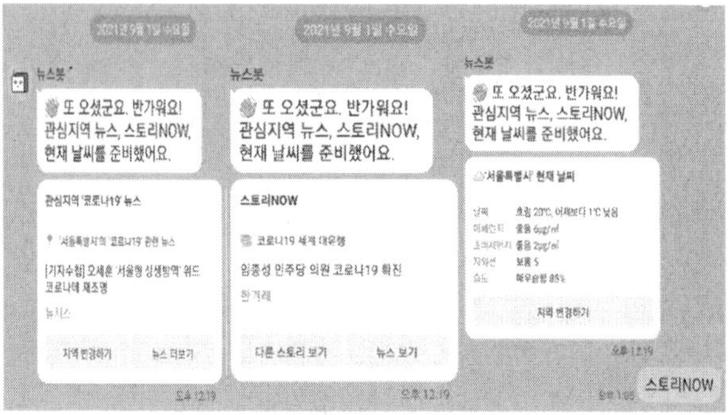

그림 5-1. 카카오톡 뉴스봇(2021년 9월 1일) 메뉴 설정.

생활 정보를 포함해 정치 사회 문화 연예 등 카테고리별 뉴스를 선별해 5개씩 전달해준다. 시간을 설정해두면 매일 같은 시간에 날씨, 코로나19 현황과 함께 뉴스를 전달해준다. 그 외의 시간에도 채팅을 통해 뉴스를 받아볼 수 있다. 뉴스 검색 기능도 있으며, '뉴스' 외에 '스토리'로 분류한 기사도 제공하고 있다.

이용자는 수시로 뉴스봇을 열어볼 수 있지만, 이때에는 미리 설정해둔 분야의 기사가 나오지 않는다. 그림 5-1을 참고로 카카오톡의 뉴스봇 구조를 살펴보자. 뉴스봇에 접속하면 "또 오셨군요. 반가워요! 관심 지역 뉴스, 스토리 나우(NOW), 현재 날씨를 준비했어요"라는 메시지와 함

그림 5-2. 카카오톡 뉴스봇(2021년 9월 1일)과 대화 예.

께 세 가지 메뉴 중 하나를 고르게 되어 있다. 세 메뉴가 나란히 제시되어 왼쪽으로 밀면서 세 개의 메뉴를 확인한 뒤 선택할 수 있다. 첫째, 관심 지역 뉴스, 둘째, 스토리나우, 셋째, 현재 날씨다. 각 메뉴를 선택하여 추가적인 내용을 확인할 수 있고, 지역을 변경하거나 다른 스토리를 선택할 수 있다.

챗봇과 대화를 나누며 정보를 확인하는 과정을 살펴보자. 이용자가 특정한 메뉴를 선택하면, 뉴스봇은 해당 기사를 보여준 뒤, 추가로 관련 단어를 나열하여 제시해 준다. '스토리나우'를 선택하면 시리즈 기사들을 제시해 준다. 이 중 '김소희, 최지선의 아주 가까운 곳의 정치'를 선택하자 해당 시리즈의 최근 기사들이 제목 및 섬네일과 함께 제시된다. 이 중 '쓰레기'와 관련된 기사를 읽고 난 뒤 '쓰레기'라고 입력하자 "쓰레기 관련 뉴스를 찾았습니다"라며 '쓰레기' 주제의 여러 매체 당일 기사를 보여준다. 기사의 목록과 함께 '받기', '사회', '플라스틱', '제로웨이스트' 등 이용자가 수행할 수 있는 명령어의 예를 제시해준다(그림 5-2 참조).

아직은 대화(chat)를 주고받는다기보다는 검색어를 입력하는 방식에 가깝다. 이는 인공지능의 발전 단계 중 한 가지 임무만을 수행하는 협의의 인공지능(artificial narrow intelligence)(Bostrom,2014)이라고 볼 수 있다. 인간과 유사한 지능을 보유하는 일반 인공지능(artificial general intelligence)이나 인간보다 월등한 지능을 갖춘 초지능(artificial super intelligence)에는 아직 미치지는 못한다.

뉴스봇과의 대화 저널리즘

국내에서 챗봇에 관한 저널리즘 차원의 연구는 활발하지 않다. 마케팅 관점의 연구(박현길, 2017), 챗봇의 비언어 감정 메시지에 관한 연구(강민정, 2021), 챗봇의 교육 활용 가능성(김지윤 · 김귀훈 · 이태욱, 2021) 등 챗봇과 관련된 연구들이 각 분야에서 시작되고 있으나, 저널리즘 관점의 실증 연구는 부족하다.

외국에서는 정치 커뮤니케이션 맥락에서 뉴스봇 연구들이 이어지고 있다(Shao, 2017). 2016년 미국 대선에서 트위터를 통해 가짜 뉴스를 확산시키는데 뉴스봇이 핵심적인 역할을 했다고 보기 때문이다. 저널리즘과 AI가 강력히 결합하는 현상에 주목해 스페인의 정치 뉴스봇을 실험 방법으로 이용자를 분석한 연구(Gonzales & Hada, 2020) 등 챗봇이 저널리즘 지형에서 어떤 역할을 하는지 보다 세분화된 연구들이 이뤄지는 양상이다.

뉴스를 전하는 챗봇에 관한 국내의 연구는 오세욱(2016)의 연구가 대표적이다. 협의의 인공지능인 챗봇이 미디어로서 언론사들에 기회로 받아들여지는 현상에 포착했다. 해외의 독립형 뉴스 챗봇 '쿼츠(Quartz)', 텔레그램의 '포브스(Forbes)', 페이스북 메신저 'CNN' 사례를 제시했다. 비인간 행위자로서 챗봇은 이용자와 대화를 하는 것처럼 보인다고 분석했다. "대화라는 의인화된 행위를 통해 뉴스를 전달"(94쪽)할 뿐이다. 아직은 저널리즘 기능 중 속도와 편리함에 치우친 상태라고 진단했다.

뉴스봇과의 대화는 사람과 사람의 대화가 아닌 사람과 소프트웨어의 대화라는 점에서 인간과 비인간의 복합체가 함께 사회를 만들어 간다는 라투르(Latour, 1987/2016)의 논의 안에서 바라볼 필요가 있다. 인간과 기술을 동시에 고려하는 행위자-네트워크 이론(Actor-Network Theory, ANT)은 기술과 인간을 모두 행위자(actor)로 보고, 세계는 인간-비인간 간의 복잡한 관계를 통한 역동적인 운동에 의해 형성된다고 봤다.

이런 맥락에서 봇과 같은 행위자가 인간과 제대로 대화하는지 확인하기 위해서는 플로리디와 샌더스(Floridi & Sanders, 2004)가 제시한 세 가지 기준을 고려해야 한다. 첫째, 상호작용성(interactivity), 행위자가 주변 환경과 서로 영향을 주고받는가. 둘째, 자율성(autonomy), 행위자가 주변 환경과 분리할 수 있는가. 셋째, 융통성(adaptability), 상태 변화의 규칙을 바꿀 수 있는가.

여타의 디지털 플랫폼에서 알고리듬은 저널리즘이 수행되는 생태계라면, 뉴스봇에 있어서는 저널리즘의 직접적인 수행자 역할을 하고 있다는 점에서 심층적인 연구와 사회적 논의가 필요하다.

참고문헌

강민정(2021). 챗봇의 사회적 현존감을 위한 비언어적 감정 표현 방식. 《한국콘텐츠학회논문지》, 21권1호, 1~11.

김민선(2020.11.20.). 코로나19 때문에 카톡 '뉴스봇'도 바빠…엔지니어가 택한 해결법은? 《지디넷코리아》. https://zdnet.co.kr/view/?no=20201119173317

김지윤·김귀훈·이태욱 (2021). 예비교사를 위한 챗봇 제작 AI-STEAM 교육 사례 연구. 《한국컴퓨터정보학회 학술발표논문집》, 29권1호, 135~138.

박현길(2017). 나를 읽는다 챗봇(Chatbot)!. 《마케팅》, 51권5호, 40~50.

오세욱(2016). 미디어로서의 봇(bot). 《한국언론정보학보》, 79호, 70~103.

한국정보통신기술협회(2018). 『IT용어사전』. https://terms.naver.com/entry.naver?docId=3596850&cid=42346&categoryId=42346

Barot,T.,& Oren,E.(2015). *Guide to Chat Apps.* Tow Center for Digital Journalism. http://www.gitbook.com/book/towcenter/guide-to-chat-apps/detailsBarot,2015

Bostrom,N.(2014). *Superintelligence: Paths, dangers, strategies.* London, UK: Oxford University Press.

Floridi,L.,& Sanders,J.W.(2004). On the morality of artificial agents. *Minds and Machines, 14(3),* 349~379.

Gonzales,S.,&Hada,M.(2020). Conversational bots used in political news from the point of view of the user's experience: Politibot. *Communication & Society, 33(4),* 155~168.

Manovich, L.(2013). *Software Takes Command.* New York & London & New Delhi & Sydeney:Bloomsbury.

Shao,C.,Ciampaglia,G.L.,Varol,O., Flammini,A.,& Menczer,F.(2017). The spread of fake news by social bots.

https://www.andyblackassociates.co.uk/wp-content/uploads/2015/06/fakenewsbots.pdf

06

알고리듬 저널리즘의 과제

이제 저널리즘은 알고리듬과 더불어 상생해야 하게 되었다. 알고리듬도, 저널리즘도 사회를 살아가고 숨 쉬는 사람들 속에서 역동적으로 쉬지 않고 만들어 가는 과정이라고 본다면, 고정된 답은 없을지도 모른다. 다만 끊임없이 질문을 던지며 변하지 않는 가치와 변해야 할 것들을 선별하는 발걸음은 계속되어야 할 것이다.

알고리듬과 함께 만들어 가는 저널리즘

알고리듬이 주도하는 미디어 플랫폼 환경에서 저널리즘을 논의하는 일은 이제 피할 수 없는 현실이 되었다. 세계적으로 GAFA(구글, 애플, 페이스북, 아마존) 등 거대 디지털 플랫폼의 영향력이 커졌고, 국내에서도 네이버, 카카오톡과 같은 디지털 서비스와 유튜브나 페이스북이 뉴스 이용의 주요 플랫폼으로 자리 잡은 상황이다. 이들 디지털 플랫폼들이 알고리듬을 적극적으로 활용하여 이용자들을 자사 플랫폼에 머물게 하며 더욱 쉽고 편리해 보이는 뉴스 서비스들이 등장했기에, 이제 저널리즘은 알고리듬과 더불어 상생해야 하게 되었다.

앞서 살펴본 알고리듬 저널리즘의 현상들은 저널리즘의 나아갈 방향성에 질문을 던지고 있다. 첫째, 네이버와 같은 포털 사이트의 인공지능 큐레이션 서비스에서 뉴스 가치는 어떻게 구현되는가. 둘째, 유튜브와 같은 동영상 공유 사이트에서 가짜 뉴스는 어떻게 분별하고, 그 확산은 어떻게 막을 수 있는가. 셋째, 페이스북과 같은 소셜 미디어에서 '친구'들과 함께 뉴스를 사회적으로 읽어 내는 현상은 공론이 이뤄지고 있다고 볼 수 있는가. 넷째, 카카오톡 뉴스봇과 같은 뉴스 전달 챗봇은 저널리즘의 행위자로서 어떤 역할을 하는가. 이들 질문을 하나씩 다음에서 살펴보자.

알고리듬과 뉴스 가치

포털 사이트 네이버는 인공지능 편집 시스템인 에어스를 2017년부터 운영하기 시작해, 2019년부터 뉴스 편집을 전적으로 맡기고 있다. 이용자의 로그 데이터를 기준으로 이용자에게 적합한 기사를 추천해주는데, 이용자와 유사한 이용자가 좋아하는 기사를 제공하는 협력 필터링 또는 이용자가 이용한 기사와 유사한 유형의 기사를 제안하는 콘텐츠 기반의 필터링이 적용된다. 네이버가 공개한 바에 따르면 이용자의 취향뿐 아니라, 기사의 품질을 측정해 고품질의 기사를 빠르게 이용자에게 제안해준다. 네이버는 지속해서 알고리듬을 수정하며 보다 좋은 기사를 이용자들에게 전달하기 위한 노력을 지속하고 있다.

인공지능 큐레이션 서비스에서 저널리즘이 제대로 구현되는 지는 전통 미디어의 기자들, 즉 사람이 뉴스를 취재할 때 기준이 되는 뉴스 가치들을 과연 알고리듬이 어떻게 측정해낼 것이냐가 관건이라고 볼 수 있다. 질(quality)적인 가치를 표방하는 저널리즘 차원에서는 양(quantity)이 확보되어야 하는 인공지능의 디프러닝 방식에 물음표가 자꾸 나올 수밖에 없다.

첫째, 이용자 취향과 별개로 기사의 품질을 측정하는 방식은 광고성 기사를 제외하고, 체류 시간이나 클릭이 많은 기사를 좋은 기사로 전제하는데, 이에 대해서는 전통 저널리즘의 시각으로는 받아들이기 쉽지 않다. 둘째, 클러스터링 방식은 기존의 기사들이 있어야 하고, 이를 분석해 기사들 간의 유사도를 바탕으로 비슷한 내용끼리 묶어주는 방식이기에, 양이 확보되지 못한 새로운 이슈를 제기할 수 없는 구조적 문제점을 가지게 된다. 흔히 워터게이트 사건을 심층 탐사 취재의 전형으로 거론하는데, 만약 워터게이트 사건처럼 단독으로 취재한 기사가 홀로 포털 사이트에 오른다면 주요 뉴스로 추천되지 않을 수도 있다. 많은 이용자가 클릭하면 추천 가능성이 커지지만, 매일 수만 건씩 쏟아지는 기사들 속에서 중요한 위치에 편집되지 않은 기사는 단 한 명의 독자도 얻지 못한 채 사라질 위험성이 존재하는 것이다.

네이버 뉴스 트러스트 위원회에서 뉴스 알고리듬을 개발하기도 했지만, 더욱 나은 알고리듬 개발을 위한 시도는 끊이지 않아야 한다. 기업의 기밀로 비밀에 부칠 것이 아니라, 저널리즘과 같은 공적인 임무를 수행하는 주체로 이미 활동을 하는 만큼 보다 공적인 과정을 거쳐 알고리듬 저널리즘을 만들어 가야 할 필요가 있다. "명확한 규칙의 존재가 알고리듬의 전제"이며 "그 논리의 핵심은 계량화, 서열화, 자동화이며 여기에 알고리듬을 설계하는 사람의 지식과 전략이 작용"(Dormehl, 2014/2014, p.62)하기 때문이다. 더구나, 이제 '잊힐 권리'만큼 '알 권리'도 중요하게 여겨지고 있다. "어느 곳이든 사람들의 데이터를 분석해 이익을 얻는 회사는 법적 책임까지는 아니더라도 알고리듬에 내재한 결함과 위험을 솔직히 알려야 할 책임"(Fry, 2018/2019, p.112)이 있기 때문이다.

기존의 언론사 또한 넘쳐나는 정보 속에서 양질의 정보를 선별해주는 큐레이터로서의 역할을 제대로 하도록 애써야 할 것이다. 이미 수많은 정보가 공개되어 있지만, 어떤 정보가 사실이며 믿을 만한지 고르고, 분석하며 해석할 수 있는 저널리즘의 역할에 더욱 충실해야 한다.

알고리듬과 팩트체크

유튜브에서 유독 가짜 뉴스가 강력한 힘을 보이는 것처럼 여겨지는 데에는 이유가 있다. 첫째, 크리에이터 중심의 콘텐츠 생산이다. "얼굴을 내놓고 말하기에 신뢰한다"라며 가짜 뉴스를 공유하는 이용자가 있을 만큼, 뉴스의 신뢰도를 매체에 대한 신뢰도나 사실 확인에 두는 것이 아니라, 뉴스를 전달하는 크리에이터에게 두게 된다. 둘째, 유튜브의 추천 알고리듬은 이용자가 유튜브에 오래 머물도록 하는데 주안점을 두고 있다. 유튜브 추천 알고리듬 개발팀에서 일한 전 구글 엔지니어 기욤 샬로(Guillaume Chaslot)는 국내 언론과 인터뷰에서 "유튜브 알고리듬은 시청 시간에 최적화되어 있다"라며 "음모론이나 혐오 콘텐츠가 시청 시간을 늘린다면, 근거 없는 콘텐츠더라도 다른 콘텐츠보다 더 많이 추천될 것이고 이 같은 현상은 세계적으로 관찰되고 있다"라고 말했다(박세원, 2021). 셋째, 유튜브는 영상을 공유하기 쉬운 구조이기에 다른 플랫폼으로의 확산이 쉽다.

유튜브의 추천 알고리듬은 공개되어 있지 않지만, 이용자에게 맞춰주는 방식으로 짜인 것만은 분명하다. 이용자로서는 알고리듬에 따른 행위를 학습해 이용자의 취향이 아닌, 알고리듬에 따라 추천을 하게 될 우려가 있다. 가짜 뉴스가 알고리듬을 타고 추천되며 확인되지 않은 채 전파될 위험성이 있는 것이다.

다만 유튜브는 저널리즘의 역할을 위한 미디어가 아니어서, 크리에이터가 내놓는 콘텐츠를 방송이나 신문처럼 규제할 수는 없다. 표현의 자유를 침해하며 통제를 할 우려가 있기 때문이다. 김인식 · 김자미(2021)는 "가짜 뉴스를 규제하기는 쉽지 않다"(73쪽)고 논의했다. 가짜 뉴스의 범위를 정하기 어렵고, 법률상 규제하고 있는 불법정보, 허위정보, 명예훼손 정보와 구분 짓기 어려운 현실적인 문제가 있으며, 사전검열 금지 원칙과 충돌할 위험이 크다는 것이다.

새로운 유형의 가짜 뉴스에 대비할 필요성도 제기된다. 인공지능의 바탕이 되는 디프러닝을 사용해 원본 동영상에 다른 이미지를 결합해 원본과 다른 영상을 만드는 영상 조작 기술인 딥페이크(Deep Fake)(최순욱 · 오세욱 · 이소은, 2019)로 인한 허위정보의 유포 또한 심각성이 커지고 있다. 법제도 외의 준비가 국내에서 별반 이뤄지지 않고 있어서 기술적인 준비도 필요한 상황이다(오세욱 · 박아란, 2020).

유튜브의 일반 이용자로서는 더욱 뉴스 리터러시를 갖춰야 할 필요성이 제기된다. 유튜브 역시 알고리듬 구성 방식을 다양화하고, 크리에이터의 사실 확인을 향한 책임감이 요구됨은 물론이다.

알고리듬과 공론장

페이스북에서의 사회적 읽기는 '플랫폼상의 사회연결성(platformed socialty)'(van Dijck, 2013)을 바탕으로 한다. 오프라인 세상에서 그동안 구현해 온 사회와는 다른, 알고리듬으로 구성된 페이스북의 작동 원리 아래에서 자동으로 연결되어 구성된 사회다. 전통 언론사의 기사처럼 떨어져 있는 개인들에게 따로 전달되는 게 아니라, 연결된 '친구'들과 함께 뉴스를 읽고 의견을 나누고 공유하는 행위는 마치 공론장처럼 보이기도 한다.

저널리즘에서 이상적으로 여기는 공론장에서의 자유로운 정보 교류나 의견 교환이 페이스북에서 이뤄지고 있을까. 이용자들이 '친구'에게서 토픽을 전달받는 방식은 '친구'의 신뢰도가 토픽의 신뢰도를 대신하게 했다. 곧, '친구'가 토픽을 보증해 준다. 사람이 토픽을 전해주는 매개체가 되는 방식은 토픽의 내용보다 전해주는 사람에게 먼저 집중하게 한다. 관계성을 염두에 두고 토픽을 이용한다는 것은 곧 토픽보다는 토픽에 대한 의견을 읽는다는 의미이며, 토픽 이용자 간 감정표현을 중심으로 가시적 참여활동이 일어난다는 뜻이다. 토픽이 생성되고 소멸하는 기제는 치열한 논쟁이 아니라, '유희의 문화'를 바탕으로 관계를 조율하는 방식으로 이뤄진다.

토픽을 제안하는 이용자들은 다른 참여자들에게 '친한 친구'로 자신을 호명해내며, 자신이 제안한 토픽에 참여를 유도하여 토픽을 생성시킨다. 이용자들은 반대 의견이 제기되는 경우, 정교한 대화법으로 다른 의견을 차단하거나

'친구'와의 관계를 은밀히 조율하여 토픽과 '친구'를 분리하는 방법을 사용했다. 토픽을 결정짓는 것은 뉴스 가치가 아니라 이용자들의 참여이며, '친구' 관계이기에, 토픽이 제시되고, 생성되며, 유지되는 기제는 '친구' 관계를 맺고 끊는 방식으로 작동되어 공론장의 역할을 한다고 보기는 쉽지 않다.

그럼에도 페이스북에서의 뉴스 소비와 이로 인한 각국 언론사의 어려움은 계속되고 있다. 프랑스, 호주 등에서 페이스북 뉴스에 맞서 자국의 언론을 살리기 위한 시도들이 이뤄지고 있으며, 이러한 흐름에 국내에서도 면밀한 준비가 필요하다.

알고리듬과 저널리즘 행위

뉴스봇은 뉴스의 생산, 유통, 소비의 차원에서 본다면 뉴스의 유통자에 가깝다. 기존의 레거시 미디어에서 이미 생산한 기사를 카카오톡 메신저에 전달하는 방식을 인격화한 것이 뉴스봇이기 때문이다. 과거 레거시 미디어의 뉴스 유통 주체는 신문배달원이라든가 가판대 판매원, TV 전파 등 뉴스 이용자와 직접적인 접촉이 많지는 않았다. 하지만 개인화 서비스가 고도화되며, 이용자의 질문과 요구 등 대화 기능을 추가한 소프트웨어 서비스로 로봇이 등

장한 것이다.

봇은 이용자와 대화를 나누는 형식을 취하지만, 사실상 단순한 요구에 대해 입력된 정보를 표출하며 인격의 모양새를 갖추고 있을 뿐이다. "재미있는 뉴스 있어?"라고 입력을 하면 '재미있는 뉴스'를 추천해 주는 것이 아니라, '재미있는 뉴스 있어?' 관련 뉴스를 찾아준다. 친구에게 재미있는 뉴스를 추천해 달라고 말하듯, 봇과 대화하기는 어려운 상황이다. 그런데도 봇이 추천해준 뉴스를 클릭하고 이용하게 되기에, 봇은 하나의 저널리즘 행위자로 저널리즘의 장에서 활동하고 있다.

로봇의 경우 사람보다는 단순하게 입력된 정보만 내놓는 것처럼 보이지만, 알고리듬으로 작동하는 다른 소프트웨어에 비교해서는 인간과 직접 대화를 주고받기에 보다 적극적인 저널리즘 행위 주체라 볼 수 있다. 저널리즘의 행위자로서 봇은 어떠한 가치를 갖고 뉴스를 유통하는지 논의가 필요하다.

알고리듬도, 저널리즘도 사회를 살아가고 숨 쉬는 사람들 속에서 역동적으로 쉬지 않고 만들어 가는 과정이라고 본다면, 고정된 답은 없을지도 모른다. 다만 끊임없이 질문을 던지며 변하지 않는 가치와 변해야 할 것들을 선별하는 발걸음은 계속되어야 할 것이다.

참고문헌

김인식·김자미(2021). 유튜브 알고리즘과 확증편향. 《한국컴퓨터교육학회 학술발표대회논문집》, 25권1호(A), 71-74.

박세원(2021.1.7.). "유튜브는 독 든 음식도 내주는 식당"…개발자의 고백 [이슈&탐사]. 《국민일보》.http://news.kmib.co.kr/article/view.asp?arcid=0015402057&code=61151111

오세욱·박아란(2020). 허위정보로서 딥페이크, 어떻게 대처할 것인가. 《미디어정책리포트》, 1호.

최순욱·오세욱·이소은(2019). 딥페이크 영상 탐지 관련 기술 동향 연구. 《한국정보과학학회 학술발표논문집》, 724~726.

Dormehl,L.(2014). *The formula: How algorithms solve all our problems.* 노승영 옮김. (2014). 『만물의 공식』. 서울: 반니.

Fry, H.(2018). *Hello World.* 김정아 옮김.(2019). 『안녕, 인간』. 서울: 미래엔.

van Dijck, J. (2013). The culture of connectivity: A critical history of social media. New York: Oxford University Press.

이재원

이화여자대학교 커뮤니케이션·미디어연구소 연구위원이며, 이화여자대학교, 성균관대학교, 한양대학교 등에서 강의를 하고 있다. 이화여자대학교 신문방송학과에서 학사 및 석사학위를 취득하고, 언론홍보영상학과에서 언론학 박사학위를 받았다. 《스포츠한국》 엔터테인먼트부 부장, 《텐아시아》 편집장을 지냈다. 저서로는 『AI와 더불어살기』(공저, 2020), 주요 논문으로는 "포털 사이트의 인공지능 뉴스 큐레이션 도입과 뉴스 생산 관행 변화에 관한 연구"(2020), "소셜 미디어의 토픽 활성화에 관한 연구"(2019), "소셜 네트워크 저널리즘 시대의 뉴스 리터러시 재개념화"(공저, 2016) 등이 있다.